ソウル広域
0
1km
北岳山
三清洞
景福宮
地下鉄３号線
世宗路
昌徳宮
独立門
仁寺洞
東大門
延世大学校
徳寿宮
清渓川
鍾路
新村
南大門
合井
上水
新村
ソウル駅
南山公園
孝昌公園
切頭山
殉教記念館
南営
尹奉吉の墓

もっと深い旅をしよう

観光コースでないソウル

Another Seoul

歴史の息吹を感じる旅

共同通信・前ソウル特派員
佐藤大介

高文研

もくじ

Ⅳ 南山散策 〜韓国併合と抗日の義士たちの足跡をめぐる〜

Ⅶ ソウル郊外 ～one day trip from ソウル～

装丁＝商業デザインセンター・増田　絵里

近代日本と朝鮮・韓国の略年表

- ■1868　戊辰戦争。徳川幕府滅亡
- ■1875　江華島事件
- ■1876　日朝修好条規
- ■1882　壬午軍乱
- ■1884　甲申政変
- ■1894　2月、甲午農民戦争起こる
　7月、日清戦争始まる
- ■1895　4月、日清講和条約締結
　10月、明成皇后殺害事件
- ■1904　2月、日露戦争始まる
　8月、第一次日韓協約
- ■1905　9月、日露講和条約
　11月、第二次日韓協約（外交権を日本が掌握）
　12月、日本、韓国統監府設置。抗日義兵闘争、激化
- ■1907　第三次日韓協約（日本が内政全般を掌握）
- ■1909　伊藤博文、安重根(アン・ジュングン）により射殺
- ■1910　日本による韓国併合
- ■1919　三・一独立運動
- ■1931　満州事変
- ■1937　日中全面戦争へ「皇国臣民の誓詞」制定
- ■1940　創氏改名を実施
- ■1941　日本、対米英開戦
- ■1945　8月、日本敗戦。朝鮮は北緯38度線で南北分断、米ソ両軍が分割占領
- ■1948　8月、南に大韓民国樹立
　9月、北に朝鮮民主主義人民共和国樹立
- ■1950　朝鮮戦争勃発（～53年）
- ■1965　日本、韓国と国交正常化（日韓基本条約締結）
- ■1972　7月、南北共同声明発表
- ■1995　村山談話（植民地支配への反省とお詫びの表明）
- ■2000　6月、平壌で南北首脳会談、南北共同宣言発表
- ■2001　「新しい歴史教科書」検定合格に韓国反発
　小泉首相靖国神社参拝
- ■2002　日韓共催W杯
- ■2003　「冬のソナタ」日本のＢＳで放送。韓流ブーム
- ■2004　韓国：地上波での日本映画、ＣＡＴＶでの日本ドラマ放映が可能
- ■2008　李明博(イ・ミョンバク）政権発足
- ■2010　韓国哨戒艦沈没事件（3月26日）
　北朝鮮が韓国・延坪島（ヨンピョンド）を砲撃（11月23日）

はじめに

☸東日本大震災の衝撃と支援

二〇一一年三月十一日、日本を襲った東日本大震災は、韓国の人たちにも強い衝撃を与えた。テレビは発生直後から特別番組を編成して地震の模様を伝え、津波による未曾有の被害も刻々と報道した。また、翌日の韓国紙の朝刊は、いずれも一面で大々的に津波と地震の被害を掲載。大手保守系紙の朝鮮日報は「日本最悪の日」との見出しを掲げ、どの新聞にも津波で破壊された街の写真などが、大きく載せられた。その後、東京電力福島第一原発で事故が発生した際も、テレビや新聞などは図解も掲載して状況を詳しく報道。放射性物質の飛来などの影響について、やや過剰とも言えるほどのニュースを流し続けた。そこからは、隣国という日韓の距離的な近さを改めて思わされた。

だが、大震災を受けて、韓国ではこれまでにはなかった反応も起きていた。各紙の報道でも、震災直後の三月十四日付けのソウル新聞が、一面に韓国語と並んで日本語で「深い哀悼の意を表します」との見出しを掲載、記事で早期の復興を「心から祈っている」と激励した。韓国紙が一面に日本語でこうした文章を掲載するのは、極めて異例のことだった。また、朝鮮日報がイ・ビョンホンやチェ・ジウなど、日本で人気の韓流《はんりゅう》スターたちのインタビューを連日掲載し、震災復興への支援を呼び掛けた。こうした動きは新聞各紙のほか、テレビ各局にも拡大。ＫＢＳやＭＢＣなど主要放送局が、相次いで義援金を呼び掛ける番組を流した。

一般の韓国人たちの反応も同様だった。駐韓日本大使館には、震災の直後から日本を激励したり、義援金の送り先を問い合わせたりする電話が次々と寄せられた。大使館関係者によると「五分に一度はかかってきた」といい、いたずらや日本を誹謗するような電話は一切なかったという。韓国の「大韓赤十字社」など六団体が三月十四日から共同で行った募金活動では、一日で約十四億四千万ウォン（約一億円）が集まった。インターネット上でも「映画を一回、酒を一杯減らそう」と募金を呼びかけるメッセージが掲げられた。大韓赤十字社が六日間で集めた募金は五十三万二千件、計百五億ウォン（約七億五千万円）に達し、一カ月後には約三百九十二億ウォン（約二十八億円）にまで増加して、海外の災害支援としての募金では過去最高となった。また、韓国の通信社、聯合《ヨンハプ》ニュースが独自集計した結果では、韓国全体で震災から一カ月の間に集まった義援金は計五百五十六億ウォン（約四十二億円）に達したという。

日本人観光客が多く訪れるソウルの明洞《ミョンドン》には日本を激励する日本語の横断幕が掲げられた。当時、ソウルに駐在していた私の携帯電話には、一度きりしか会ったことのない取材先も含め、多くの韓国人から見舞いの電話やショートメッセージ（韓国で頻用されるコミュニケーション手段。電話番号にメッセージを送信できる）が寄せられ、外を歩くと、近所の住人や食堂の店員から「家族は大丈夫だったか」と尋ねられた。韓国に二十年以上の滞在経験を持つベテランの日本人駐在員は「（一九九五年の）阪神大震災ではみられなかった反応」と話す。

韓国のプロテスタント界で大きな影響力を持つ牧師が、震災を日本に対する「神の罰」と発言した際は、韓国人の中から牧師への激しい批判が巻き起こった。牧師の発言の後、タクシーに乗ると、運転手は「ほとんどの韓国人はあんなことを思っていない。それはわかってほしい」と真顔で訴えた。

また、十二月末の中央日報は、東日本大震災発生当日の状況を報じた三月十二日付の一面で「日本沈没」という見出しを付けたことが「災害に苦しむ日本人を傷つけた」として、当時の紙面を取り消すとする「反省文」を掲載。一年間の同紙の報道全般について不適切だった点を振返るコーナーに、一ページの三分の一程度を割いて掲載し、新たに「力を出せ、日本」との見出しを付けて編集し直した紙面を並べた。読者からの批判を受けての対応で、同紙は「遅ればせながら、日本国民を応援するため」として、異例の編集し直しを行ったのだった。

そうした日本を支援する姿は、決して政府など官主導のものではなく、市民レベルでの自発的な行動が主だった。それだけに、日韓の「近さ」は距離的なものだけではないことを、両国の多くの人が実感したことだろう。

☸年間五〇〇万人を超えた日韓の人的交流

日本の観光庁と韓国観光公社のまとめによると、二〇一〇年に日韓を往来した人の数は、初めて五〇〇万人を突破した。日韓の往来者数は、両国が国交を樹立した一九六五年には一万人で、四五年間で実に五〇〇倍の増加を果たしたことになる。ドラマ「冬のソナタ」をきっかけに、日本は「韓流ブームの中心地」として巨大市場を築き、「ヨンさま」に象徴される中高年女性を中心とした男性韓流スター人気は、韓国人も驚くほどだ。

さらに、「新韓流」とも呼ばれる女性〝K─POP〟グループ「KARA」「少女時代」などが相次いで日本デビューし、ファン層は若い女性にも拡大。両グループは、日本のヒットチャートでトップに躍り出たほか、二〇一一年の「紅白歌合戦」に初出場を果たし、その人気ぶりを見せつけた。

二〇一〇年に韓国を訪れた日本人のうち、二〇歳以下の女性は前年比八・九％の伸び率を示した。また、日本政府観光局（JNTO）のまとめによると、二〇一〇年に日本を訪れた韓国人は二四三万九八一六人で、前年比五三・八％の伸び率を示した。このうち観光客は一九六万三〇〇二人で、七〇・一％増と急激な上昇となった。韓国では、日本の温泉や料理を紹

にぎやかなソウルのショッピング街

介する番組が頻繁に放送され、本格的な日本料理店も次々と開店し、若者たちに人気を集めている。

日本のラーメンやカレーを出す店に、韓国人が行列をつくる風景など、十年前には考えられなかったことだろう。そうした人やモノの流れや、震災の際に見せた、被害からの復興に協力しようとする姿勢からは、確かに日韓が「近くて近い国」になったと言うことができる。だが、その一方で、日本による過去の植民地支配をはじめとした歴史問題が、日韓の間に楔《くさび》のように刺さっているのも事実だ。

❁「歴史問題」としての竹島（独島《トクト》）問題

韓国で国を挙げた日本支援の雰囲気が盛り上がっていた三月末、日本の中学校教科書の検定結果が発表され、合格した社会科公民や地理の教科書に竹島（韓国名・独島《トクト》）が日本の領土として明記された。

日韓間に領土紛争は存在しないとの立場を取り、竹島を「韓国固有の領土」と強く主張する韓国政府は、これに強く反発。一部の自治体では、震災復興への義援金集めを中止したり、義援金を送るのを取りやめたりする動きも出た。これを機に新規の義援金も減少に転じており、竹島問題が韓国社会に与えるインパクトの大きさを改めて印象づけた。

竹島をめぐっては、日本政府は領有権の問題としてとらえているが、韓国側の受け止めは、あくまで「歴史問題」だ。明治政府は一九〇五年、竹島を島根県に編入する。韓国政府はこれを「一方的な決定」とし、一九一〇年の韓国併合への始まりと位置付けている。そうした「植民地支配のシンボル」としてとらえられている竹島の領有権主張を日本政府が行ったことに、韓国政府の当局者は「日本を支援しようと韓国民が一丸となって取り組んでいるときに、冷や水を浴びせられた気持ちだ」とため息をついていた。

☸両国で逆転する「好き」「嫌い」

日韓で物流や人的交流が飛躍的に拡大しながらも、いろいろな場面で顔をのぞかせる歴史問題。そこには、韓国側の抱く複雑な「対日本観」がのぞく。

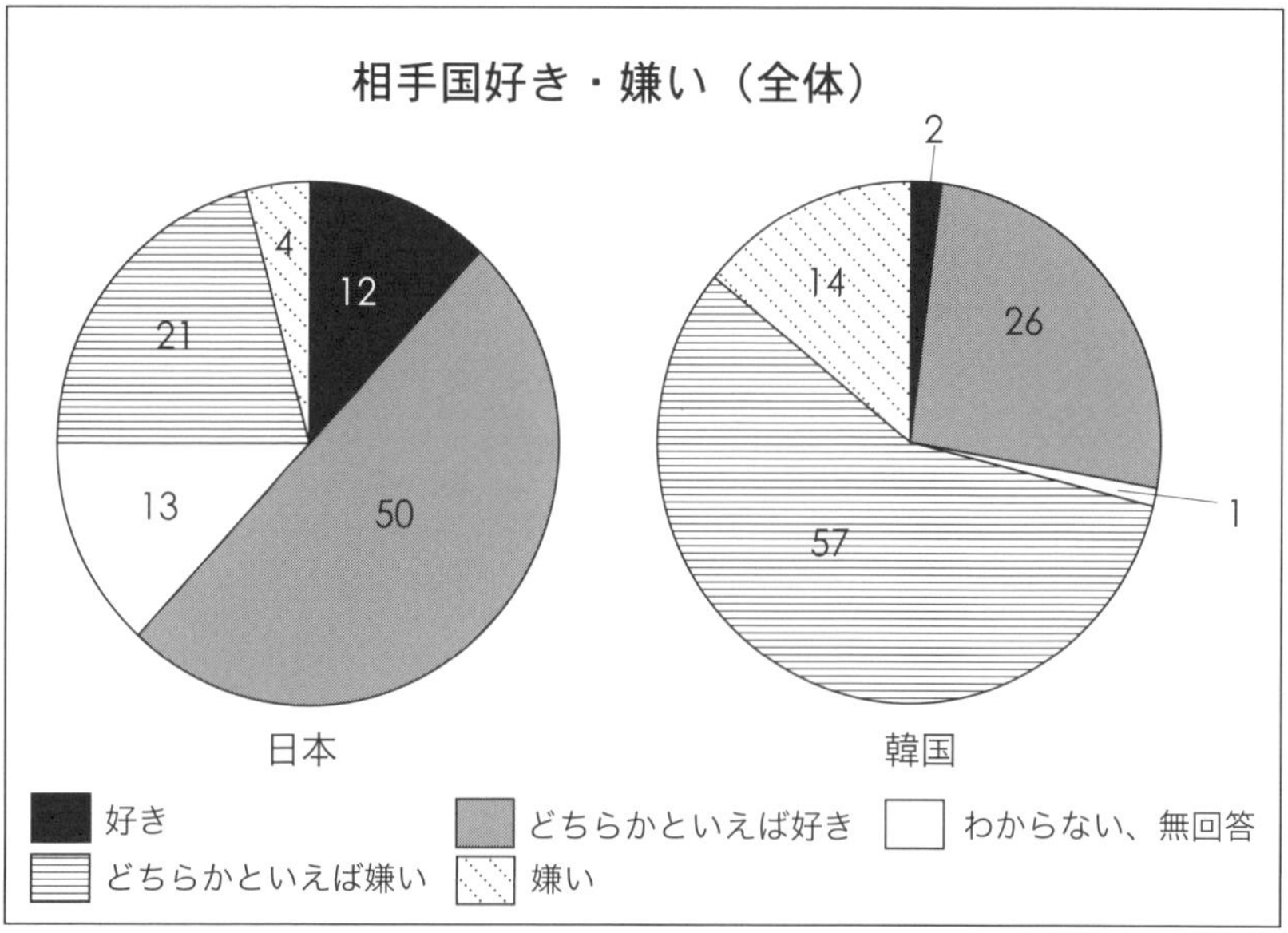

ＮＨＫ・ＫＢＳ共同調査（2010年６月〜７月調査・有効数／日本＝1,473、韓国＝1,000）

そうした日韓の感覚の差を示すデータがある。二〇一〇年が日本による韓国併合から百年目に当たることから、日本のＮＨＫと韓国のＫＢＳテレビが共同で行った世論調査だ。同年六月末から七月上旬にかけて、日本と韓国で二十歳以上の国民を対象に行われ、日本で一四七三人、韓国で千人の有効回答を得た。

同年八月にＮＨＫが伝えた結果では、まず「相手の国が好きか、嫌いか」という質問に対し、日本では「好き」「どちらかといえば好き」が合わせて六二％、「嫌い」「どちらかといえば嫌い」は二五％だった。これに対し、韓国では「好き」「どちらかといえば好き」は二八％にとどまり、「嫌い」「どちらかといえば嫌い」は七一％にも達した。

さらに、調査では「相手の国で思い浮かぶ人

相手国人で思い浮かべる人物（全体）上位10名

日本			
	人物名	実数	%
1	ぺ・ヨンジュン	306	21
2	キム・デジュン	112	8
3	イ・ミョンバク	107	7
4	チェ・ジウ	63	4
5	イ・ビョンホン	58	4
6	キム・ヨナ	50	3
7	東方神起	39	3
8	パク・チソン	23	2
9	パク・チョンヒ	17	1
10	イ・スンマン	16	1
11	その他	207	14
12	思い浮かべる人物はいない	298	20
13	わからない・無回答	177	12

韓国			
	人物名	実数	%
1	伊藤博文	208	21
2	小泉純一郎	97	10
3	浅田真央	84	8
4	イチロー	64	6
5	豊臣秀吉	60	6
6	本田圭佑	25	3
7	菅直人	19	2
8	徳川家康	17	2
9	木村拓哉	16	2
10	安倍晋三	11	1
11	その他	149	15
12	思い浮かべる人物はいない	182	18
13	わからない・無回答	68	7

ＮＨＫ・ＫＢＳ共同調査（2010年６月～７月調査・有効数／日本＝1,473、韓国＝1,000）

物は誰か」という自由回答方式の質問も実施。日本では「ヨンさま」ことペ・ヨンジュンさんが一位となったのに対し、韓国では初代韓国総監の伊藤博文が一位に挙げられた。「好き・嫌い」では日韓の回答が逆転し、頭に思い浮かぶ人物は、日本側が韓流スターで、韓国側は植民地支配の象徴とされる人物。日韓の交流が進む一方で、世論調査に現れる意識の差には改めて驚かされる。

韓国側のこうした意識を「現実的ではない」「形式的な思考」と批判するのはたやすい。だが、そうした意識の先にある歴史的な背景を知らずに、日韓の「明るい面」だけを見ていては、深みのある日韓交流にならないのではないだろうか。

本書では、日韓の歴史を軸に、ソウルに残る史跡や博物館を取り上げた。韓国を訪れる日本人観光客の多くがソウルを訪れていることから、対象は韓国各地ではなくソウルとその近郊に限定した。

ソウルでは再開発が急ピッチで進み、日々刻々と都市としての姿を変えている。だが、実際に街を歩けば、植民地時代などの史跡が数多く残っていることにも気づかされる。観光名所として人々が訪れるところもあれば、目立たずにひっそりと残されている場所もある。だが、そのどれにも共通しているのは、日韓の歴史を静かに物語っているということだ。

どの場所にも、時の流れを超えて「現場」にしか持ち得ない雰囲気がある。歴史的背景を知ったうえでそうした場所を訪れると、ソウルの街歩きも一味違ったものになるだろう。本書がその一助になれば、筆者としてこのうえない幸せだと思っている。

「はじめに」の追記(重版にあたり)

この本が出版されてから四年半あまり。「はじめに」の冒頭部分を読み返してみると、互いの距離を縮めている日韓の姿が、とても昔のことのように感じられてしまう。それほどまでに、この間の日韓関係はマイナスの方向に大きく傾いていった。「韓流ブーム」に沸いた日本国内で、いつしか在日韓国・朝鮮人やニューカマーたちを集団で攻撃し、排外主義を訴える「ヘイトスピーチ」が社会問題となったのは、韓国を見つめる日本の空気が大きく変化したことを如実に示していた。書店では韓国を批判する「嫌韓本」が何冊も目につき、ベストセラーに名を連ねたものまであった。多くの日本人が、韓国に背を向ける風潮を生み出し、同調したのだ。

もちろん、日韓関係は悪化と好転の繰り返しだったとも言える。それだけに「いつものこと」と突き放す見方もあるだろう。だが、果たしてそうだろうか。急激に「嫌韓」が露わになったのは、「韓流ブーム」で「近くて近い国」と思って近づいた韓国が、実は「反日」の国だったと思い知り、一気に嫌いになった。そうした感情があったのではないだろうか。そこには、過去の「日韓関係の悪化」とは質的に違った部分があると、私は思っている。

この間の関係悪化は、二〇一二年八月の李明博大統領（当時）が竹島（韓国名：独島）を訪問したことを端に発している。その後も従軍慰安婦問題が焦点となるなど、常に歴史問題が取り沙汰されてきた。だが、嫌韓の空気が蔓延する中で、見落とされたのは「なぜ、韓国はそう考えるのか」という冷静な視点だった。日本や韓国政府のどちらかに軸足を置くのではなく、根に部分のある歴史問題をあらためて考える雰囲気が生まれなかったのは残念だった。

この本に登場してくる数々の日韓近代史の現場は、あらためて歴史を知ることの重要性を静かに語っているのではないだろうか。

I　ソウル概観

ソウル城壁から見たソウル市街。手前に景福宮が見える。

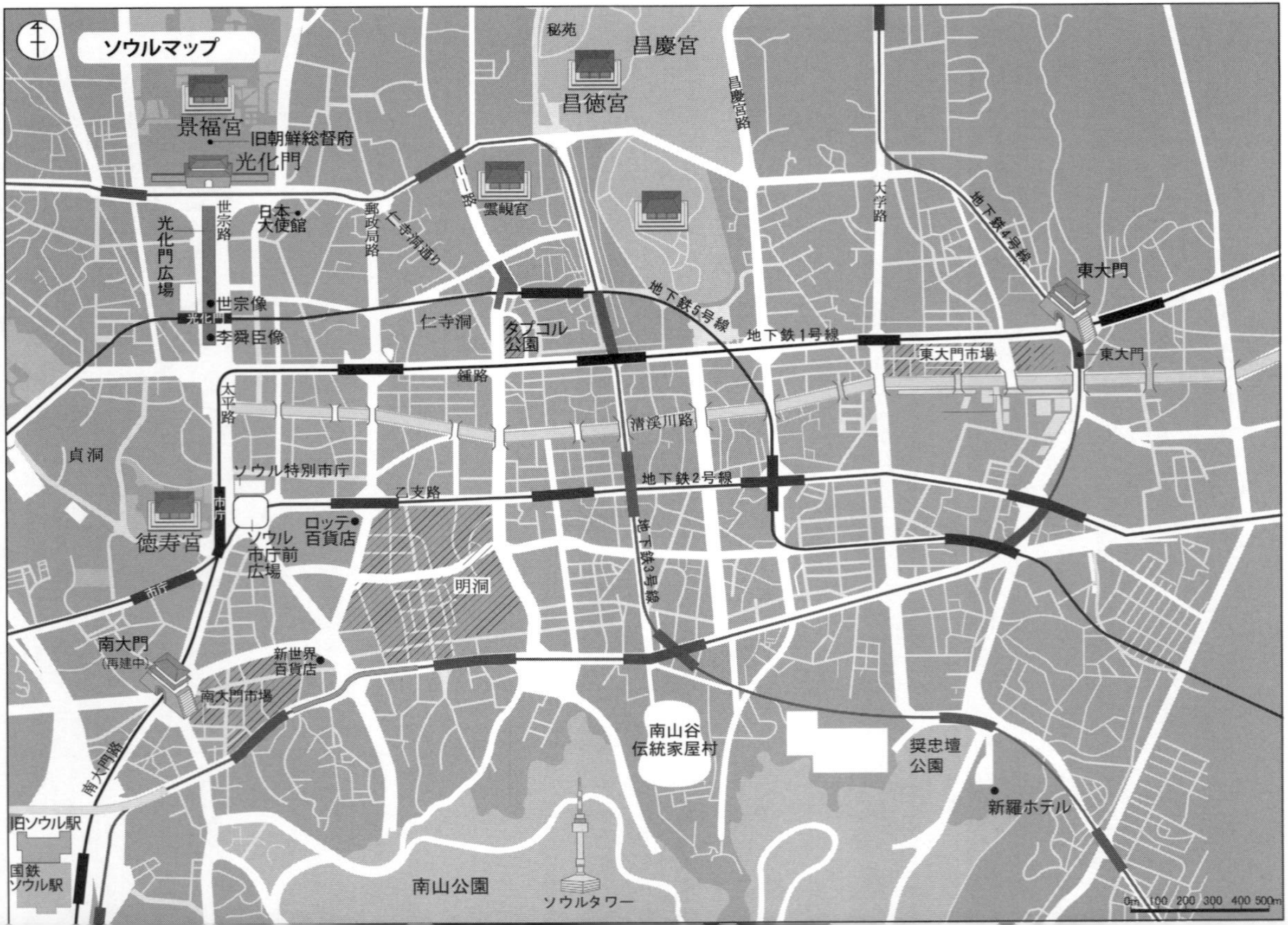
ソウルマップ
秘苑
昌慶宮
昌徳宮
景福宮
旧朝鮮総督府
光化門
昌慶宮路
大学路
地下鉄4号線
東大門
世宗路
光化門広場
日本大使館
郵政局路
仁寺洞通り
三一路
雲峴宮
世宗像
光化門
李舜臣像
仁寺洞
タプコル公園
地下鉄5号線
地下鉄1号線
東大門市場
東大門
鍾路
太平路
清渓川路
貞洞
ソウル特別市庁
地下鉄2号線
乙支路
市庁
ロッテ百貨店
徳寿宮
ソウル市庁前広場
地下鉄3号線
明洞
市庁
南大門
(再建中)
新世界百貨店
南大門市場
南山谷伝統家屋村
奨忠壇公園
南大門路
新羅ホテル
旧ソウル駅
国鉄ソウル駅
南山公園
ソウルタワー
0m 100 200 300 400 500m

（1）「漢江《ハンガン》の奇跡」と風水思想の街づくり

ソウルの空の玄関口となっているのが、ソウル郊外に位置する金浦《キンポ》空港と、仁川《インチョン》市郊外にある仁川国際空港だ。仁川国際空港は、金浦空港に代わる国際空港として二〇〇一年三月に開港。二〇〇八年六月には三本目の四千メートル滑走路を整え、年間四十万回以上の発着回数を誇る、北東アジアの「ハブ（拠点）空港」だ。日本とは二十八の空港を結んでいる。一方、国内線空港となった金浦空港は、羽田空港や関西空港との乗り入れを開始。ソウル市内からの近さと利便さで、高い人気を集めている。

それぞれの空港から車で市内に向かうと、道路に沿って優雅に流れる漢江の姿が目に入る。太《テ》白《ベク》山脈を源流とする漢江の全長は五一四・四キロメートルと、日本最長の信濃川（三六七キロメートル）よりもずっと長い。流域面積は二万六二七九平方メートルにおよび、朝鮮半島全体でも鴨《おう》緑江《りょくこう》（中国と北朝鮮の国境）、洛東江《ナクトンガン》（韓国南部）と並ぶ三大河川として知られている。北朝鮮側の金剛山から流れる北漢江と、韓国東部を源とする南漢江が合流し、大河となってソウルの中心部を貫く姿は圧巻だ。漢江はさらに北西に流れ、韓国と北朝鮮を隔てる臨津江《イムジンガン》と合流、江華島《カンファド》付近で黄海に注ぐ。六〇年以上にわたって南北の分断が続く一方で、漢江の水は二つの国家をまたぐように悠然と流れている。

漢江には、ソウル市内で三つの鉄道橋を含む二一の橋が架けられており、夜には随所でライトアップされる。沿岸には公園やサイクリングロードなどが整備され、市民たちの憩いの場となっている。

また、重要な水資源でもあり、生活に欠かすことのできない存在だ。その一方で、漢江は韓国の苦難と発展の歴史の象徴でもある。

一九〇〇年にソウルと仁川をつなぐ京仁鉄道が開通し、それに伴って近代的な鉄道橋が誕生。さらに、日本の植民地時代には、人の渡れる橋も完成した。

だが、朝鮮戦争（一九五〇―五三年）では激しい戦闘の舞台となり、開戦（一九五〇年六月二十五日）の直後、北朝鮮軍の進撃を阻止しようとした韓国軍が、漢江人道橋（現在の漢江大橋）を避難中の市民もろとも爆破する惨劇も起きている(漢江人道橋爆破事件、一九五〇年六月二八日)。

朝鮮戦争により朝鮮半島全土は焦土と化したが、一九六一年五月に軍事クーデターによって政権を得た朴正熙《パクチョンヒ》大統領による独裁下の韓国は、六〇年代を通じたインフラ開発を中心に急速な高度経済成長を達成する。そのめざましさは、第二次大戦後のドイツの復興を示す「ライン河の奇跡」になぞらえた「漢江の奇跡」と呼ばれ、今も誇りとする韓国人は少なくない。

漢江を横目に市の中心部を目指すと、交通量の多さに驚かされる。二〇一〇年現在で、ソウル

ソウルの歴史の舞台となってきた漢江

には千四十三万九千人が住んでおり、一平方キロメートル当たりの人口密度は一万六五八六人（韓国統計庁調べ）。韓国全土の〇・六％を占めるに過ぎないソウルが、全人口の四分の一近くを集中させていることになり、人口密度は東京の三倍、ニューヨークの八倍という「過密都市」だ。反面、地方都市では人口密度が百人に満たない過疎地もあり、極端な一極集中ぶりを示している。

朝鮮王朝の始祖、李成桂《イソンゲ》（太祖）が一三九四年に開京（現在の北朝鮮・開城）から首都を移した際、都市建設は風水思想に基づいて行われた。風水とは、中国古代の思想で、「気」の流れによって住宅（陽＝生者の居住空間）や墓（死者の居住空間）の場所を決める。手相や人相で吉凶を占う方法があるが、風水での判断材料となるのは土地の「相」だ。山を背にして川を臨める「背山臨水」の場所

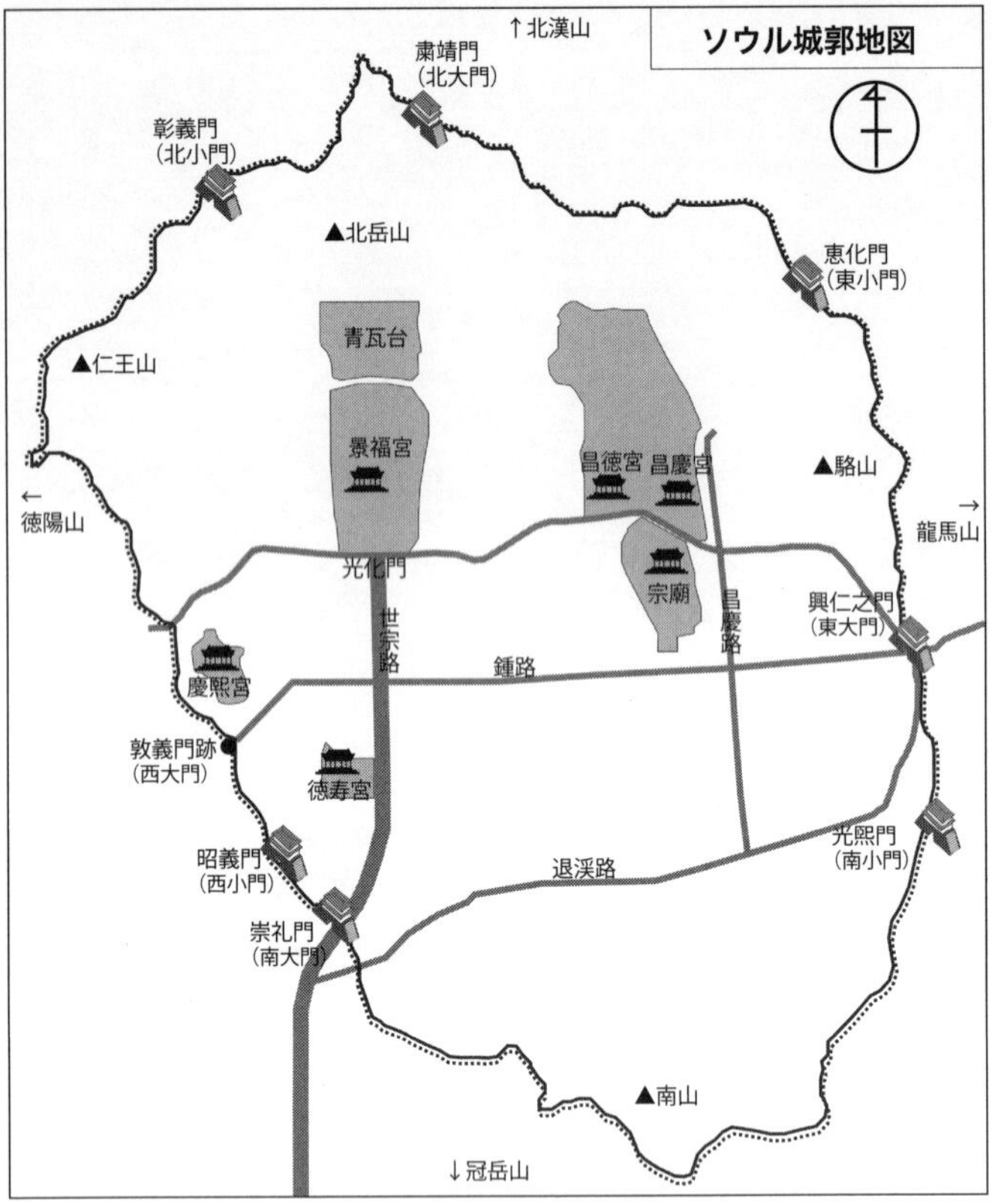

ソウル城郭地図

が良いとされたが、そうした観点からソウルを眺めると非常に興味深い。

風水思想では山脈のつらなりを龍脈といい、朝鮮半島では中朝国境の白頭山《ペクトウサン》が祖山（山脈の中で最も高い山）に位置づけられている。ソウル北部と郊外の京畿道《キョンギド》高陽《コヤン》市にわたって広がる急峻な北漢山《プッカンサン》は、白頭山と結ばれているとされる。北漢山は別名「三角山」とも呼ばれ、白《ペ》雲台《グンデ》（八三六メートル）、仁壽《インス》峰《ボン》（八一〇メートル）、萬景台《マンギョンデ》（七九九メートル）の三つの峰の総称。国立公園に指定され、

粛靖門（北大門）へ続くソウル城壁

週末には多くの登山客でにぎわう。

今や大都会となったソウルは、その周囲を高層ビルに囲まれているようだが、地図や衛星写真で見ると、山で囲まれていることがわかる。朝鮮時代にソウルが首都とされると周囲に城郭が作られたが、その内部に「内四山」として東西南北に四つの山、すなわち東の駱山《ナクサン》（一二六メートル）、西の仁王山《イナンサン》（三三八メートル）、南の南山《ナムサン》（二六五メートル）、北の北岳山《プガッサン》（三四二メートル）によって囲まれていた。そして、外郭を取り囲む「外四山」として、東の龍馬山《ヨンマサン》（三四八メートル）、西の徳《ト》陽山《ギャンサン》（一二五メートル）、南の冠岳山《クァナッサン》（六二九メートル）、そして北の北漢山が位置した。それぞれが屏風のようにソウルを囲み、南方を漢江が流れる。この平地を首都に選び、北岳山を背にして「穴」と言われる最も「気」が凝縮した場所に王

光化門のすぐ背後に建てられていた朝鮮総督府庁舎

宮の景福宮《キョンボックン》を置いたのは、「背山臨水」の思想に適した場所だったからにほかならない。

白頭山からの龍脈は、韓国南部の智異山《チリサン》に流れているとされ、ソウルはその中間に位置する。景福宮の後ろには北岳山が龍のようにそびえ、そこから光《クァン》化門《ファムン》に向かって直線上に延びる道路に立つと、ソウルの街並みに込められた風水思想を実感できる。

一方で、かつて日本による植民地支配の時代、日本が光化門と景福宮の間に朝鮮総督府の建物を築いたのは、光化門と景福宮の間の「気」を断絶し、風水思想を破壊するためでもあったとされている。

(2) 城郭都市ソウル

ソウルが、中国の都市がそうであるように、その周辺を壁で囲まれた「城郭都市」であったことを知る人は、決して多くはないだろう。北岳山、駱山、仁旺山、南山にまたがる約一八・二キロの城壁は、山地を中心に約一〇キロが現存し、平地部分でも再現が進められている。

六百年前に新首都・漢城《ハンソン》（ソウル）への遷都を決めた李成桂は、一三九五年に景福宮、宗廟《チョンミョ》、社稷壇《サジクダン》を完成させると、ソウルの城郭建設に取りかかった。翌年一～二月にかけて、全国から十一万八千人の農民が動員され、城郭の大部分を建設。秋の農閑期に再び七万九千四百人を動員し、春に完成できなかった東大門城を築城するとともに、四大門と四小門を完成させた。

四大門とは東大門《トンデムン》、西大門《ソデムン》（現存せず）、南大門《ナンデムン》（焼失して再建中）、北大門《プッデムン》である。これらの正式名称は「興仁之門《フンインジムン》」「敦義門《トニムン》」「崇礼門《スンネムン》」「粛靖門《スクジョンムン》」であり、儒教の五常の徳である「仁義礼智信」からそれぞれ名づけられた（粛靖門は智の代わりに靖を使ったとされる）。「興仁之門」はもともと「興仁門」と呼ばれていたが、風水的に弱いとされたソウル東方の気を高めるため「之」の一文字を追加したという。これに「光熙門《クァンヒムン》」「恵化門《ヘファムン》」「彰義門《チャンイムン》」「昭義門《ソウィムン》」の四小門が加わる。

四大門と四小門の完成から二十七年後、朝鮮王朝の四代国王、世宗《セジョン》はソウル城郭を全面石城に築き直す大々的な補修、拡張工事を展開した。一四二二年一月の完工までに動員された農民らは約三十二万人で、これに技術者約二千二百人が加わった。ソウルの人口が当時約十万人であったことを考えると、どれほどの大工事であったかがうかがい知れる。城壁は一七〇四年の再整備までの約二百六十年間、部分補修はあったものの深刻な崩壊などはなかった。

高低差のあるソウル城壁は、一部現存している。

城壁を見ると、石の色や大きさ、形が各所で違っていることに気づく。これによって、壁がいつ作られたかが分かる。丸い小さめの石は建設初期のもの。四角く、少し大きめの石が重なり、間に小さい石がはめ込まれているのは一四二二年ごろ、正四角形の大きな石が整然と積み重ねられているのは一七〇四年ごろに作られた。まさに、一目瞭然の違いだ。

百十年ほど前にソウルを訪れた英国人紀行作家、イザベラ・バードは、著書の中で城壁の模様を次のように記している。

「十一月の睡蓮の池のような、あるいは笠の開いたきのこの大群のような観のある、この大いなる都を峠から眺め下ろしているると、視線は自然に城壁をたどる。城壁は辺ぴな場所で目に付き、南山を一方向に上がったかと思うと、べつの方向では北漢山の尾根にくっきりと伸び、こちらでは森を取り囲んでいるかと思えば、あちらでは空き地を囲み、かと思えば峡谷をくだり、眺めている者の意表をついて消えたりあらわれたりする。

ややもすればめぐっている山腹なみに堅牢に見えるこの城壁は、高さが二十五フィート（約七メートル六十センチ）から四十フィート、周囲が十四マイル（約二十二・四キロ）あり全長にわたって銃眼が備わっている。

八つの通路がうがたれ、石積みの頑丈なアーチやトンネルの上には一重、二重または三重の反り返ったかわら屋根の高楼が建っている。これらの通路は日没から日の出までどっしりした門でふさがれている。

城門は木製で、鉄で補強し鋲を大量に打ってあり、中国式に〈彰義門〉、〈崇礼門〉、〈興仁之門〉といった仰々しい名前が記されている」（『朝鮮紀行　英国婦人が見た李朝末期』講談社学術文庫）

城壁巡りのためのガイドマップは日本語版も作成されている。

城壁を記した地図を見ると、その形は京都や中国・西安のように四方を一直線の城壁で囲んでいるのとは違い、ずんぐりとした円形を描いている。城壁の中も碁盤の目のような道路が通っているのではなく、光化門の南に大きな道路があり、それと交差する鍾路《チョンノ》が東西に延びている。四大門などからの道は、すべて鍾路に向かうように作られており、鍾路がソウルで中心の道だったことがわかる。中心部を流れる清渓川《チョンゲチョン》と山の位置を考慮し、四大門や王宮の位置を決めていったためで、そこにも風水の思想が色濃く反映されている。

城壁をたどれば、整備された公園や観光スポットのほか、地域の人たちが行き来する路地にも出くわす。城郭の跡はソウル市などによって整備が進み、見どころを示した説明板が各所に設置されている。また、北岳山には城壁の跡やソウルの街並みが一望できる八角亭《パルガッチョン》がある。ソウル中心部からタクシーで一五分ほどの距離で、食事や休憩のできる場所があり、南山のソウルタワーとは違った景色が楽しめる。

鍾路区では、各区間の所要時間や史跡などを記したガイドマップを作成している。ソウルの日本大使館近くにある鍾路区役所などで入手することができる。日本語版もあり、ハングル文字が読めなくても、城壁をめぐっての歴史探訪を味わうことができる。

II　ソウル中心部①
～世宗路《セジョンノ》から太平路《テピョンノ》へ～

2010年に復元工事を終えた光化門の偏額

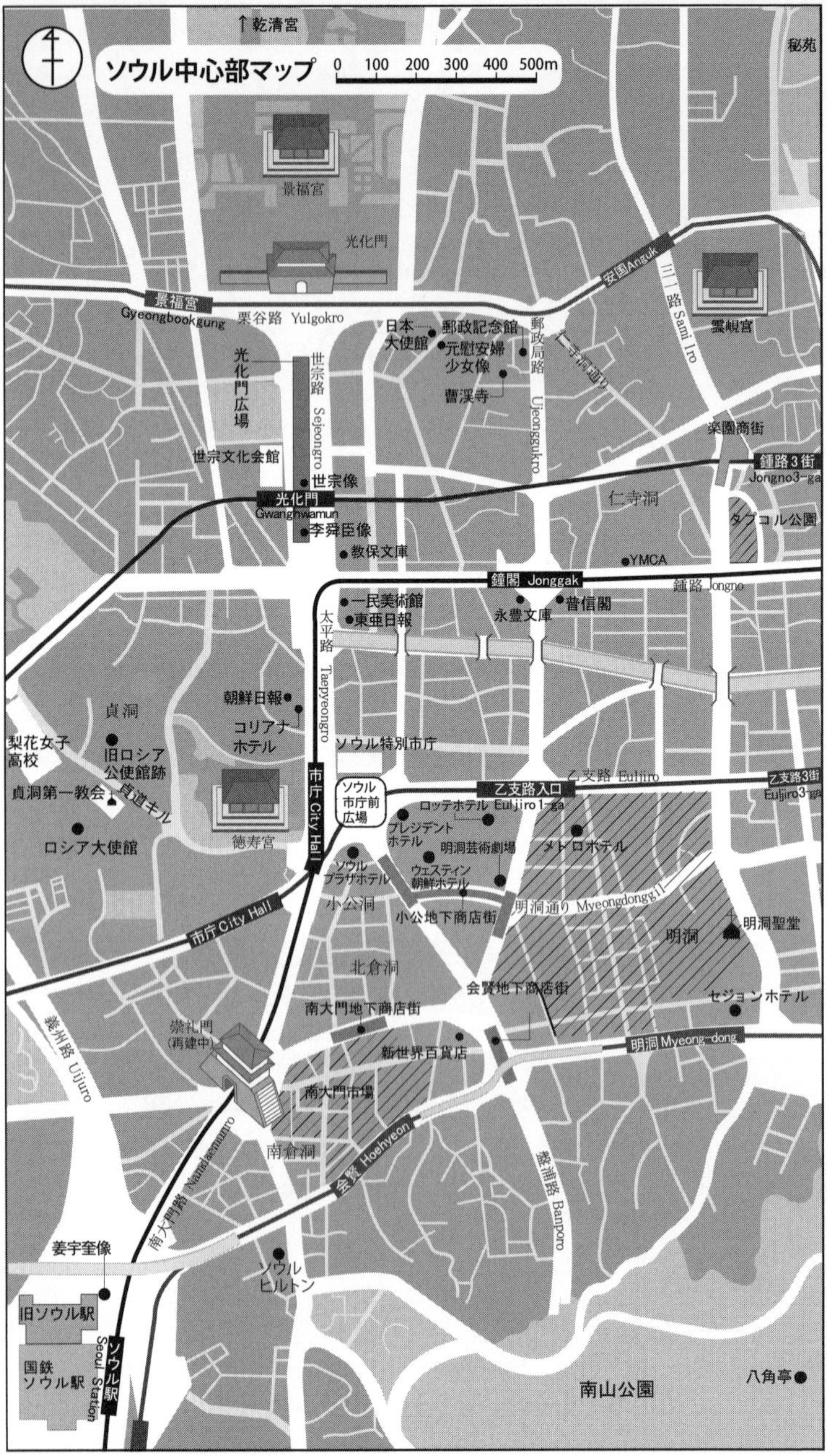
ソウル中心部マップ
0 100 200 300 400 500m
↑乾清宮
秘苑
景福宮
光化門
安国 Anguk
景福宮
Gyeongbookgung
栗谷路 Yulgokro
日本大使館
郵政記念館
元慰安婦少女像
曹渓寺
郵政局路
Ujeonggukro
仁寺洞通り
三一路 Sami Iro
雲峴宮
光化門広場
世宗路
Sejongro
世宗文化会館
世宗像
光化門
Gwanghwamun
李舜臣像
教保文庫
楽園商街
鍾路3街
Jongno3-ga
仁寺洞
タプコル公園
YMCA
鐘閣 Jonggak
鍾路 Jongno
一民美術館
東亜日報
永豊文庫
普信閣
太平路
Taepyeongro
朝鮮日報
コリアナホテル
貞洞
梨花女子高校
旧ロシア公使館跡
貞洞第一教会
貞道キル
ロシア大使館
ソウル特別市庁
徳寿宮
市庁 City Hall
ソウル市庁前広場
乙支路 Euljiro
乙支路入口
Euljiro 1-ga
乙支路3街
Euljiro3-ga
ロッテホテル
プレジデントホテル
明洞芸術劇場
メトロホテル
ソウルプラザホテル
ウェスティン朝鮮ホテル
小公洞
小公地下商店街
明洞通り Myeongdonggil
明洞聖堂
明洞
市庁 City Hall
北倉洞
会賢地下商店街
セジョンホテル
南大門地下商店街
崇礼門（再建中）
新世界百貨店
明洞 Myeong-dong
義州路 Uijuro
南大門市場
南倉洞
会賢 Hoehyeon
南大門路 Namdaemunro
盤浦路 Banporo
姜宇奎像
ソウルヒルトン
旧ソウル駅
国鉄ソウル駅
ソウル駅
Seoul Station
南山公園
八角亭

（1）景福宮《キョンボックン》――古の歴史と悲劇の現場

地下鉄「市庁《シチョン》」駅を降り、ソウル中心部を南北に走る世宗路《セジョンノ》を北に向かって歩いていくと、荘厳な門と大きな広場が目に入る。朝鮮王朝の王宮、景福宮だ。北岳山《プガッサン》を背に悠然と建つ宮殿の中へ足を踏み入れると、大都会の真ん中に位置していることを忘れ、時代を一気にタイムスリップしたような感覚に陥る。地下鉄「景福宮」駅では、五番出口を利用すると景福宮のすぐそばに出られる。

名園とされた慶会楼《キョンフェル》と香園池《ヒャンウォンジ》がそのままの姿で再現されており、四季折々の美しい姿を見せる。風水上でも「気」の集中する場所に建てられたとされ、韓国を代表する王宮として存在感を保っている。

城郭都市として作られたソウルは、その中に景福宮のほか、昌徳宮《チャンドックン》（一四〇五年創建）、昌慶《チャンギョン》宮《グン》（一四一九年）、慶熙宮《キョンヒグン》（一六一六年）徳寿宮《トクスグン》（一八九七年）、の五つの王宮を置いた。

李成桂《イソンゲ》が朝鮮王朝を開いた三年後の一三九五年、ソウル遷都の翌年に創建された景福宮は、その中でも最も古い歴史を持つ。「景福」は、中国の『詩経』の「既酔」にある「既酔似酒　既飽似徳　君子萬年　介爾景福（既に酒に酔い、既に徳に満ち、君子万年、爾《なんじ》の景福を介《たす》ける）」に由来

韓国最大級の木造建築物である勤政殿は、景福宮の正殿だ。

しているとされる。新たに作られた王朝が徳の高い君主によって治められ、穏やかで福に恵まれた国となることへの願いが、「景福」との名前に込められている。

だが、実際の「景福宮」の歴史は、そうした思いとは裏腹に、数々の受難に見舞われた。一五九二年、豊臣秀吉による朝鮮侵略である「文禄・慶長の役」（壬辰倭乱《イムジンウェラン》・丁酉再乱《チョンユチェラン》）のとき、建物の大部分が焼失してしまう。そのために不吉な王宮とされ、財政面の不足もあって、そのまま放置され続けた。

すっかり荒廃してしまった宮殿が修復されるのは、それから実に二七〇年ほどの歳月が経った一八六〇年代に入ってからのことだ。第二十六代国王・高宗《コジョン》（在位一八六三～一九〇七）の父、興宣《フンソン》大院君《デウォングン》（一八二〇～九八）が、低下していた王室の尊厳回復などを目的に景福宮の再建計画を発表し、一八六五年から工事を開始する。日本で言えば、明治維新により新政権が発足（一八六八年）する三年前のことである。

工事は当初、寄付金を募り、動員された民衆に大きな負担をかけないように配慮されたが、資材の不足などの問題に直面するようになり、興宣大院君は各地から手当たり次第に木材や石材を徴収する。朝鮮時代の貴族階級である両班《ヤンバン》の墓石が石材として抜き取られたこともあったという。このほか、寄付金の額による官職の売買が行われ、城郭の門を通過する際に「門税」を徴収するなど、再建へなりふりかまわぬ姿勢をとった。

一八七二年に工事が終了した際、総面積四一万九一〇〇平方メートルの地に、数百におよぶ大小の殿閣（王が過ごした宮殿）などが建てられ、朝鮮王朝末期の建築、工芸、美術の結晶である華やかな宮殿が再建された。だが、その過程で国家財政は破綻し、王族や民衆からの恨みを買うことになった。再建中の一八六八年、高宗は、住居と政務をそれまでの昌徳宮から景福宮に移している。

景福宮の正殿で二層建築となっている勤政殿《クンジョンジョン》は、景福宮内で最も大きい建物で、韓国最大級の木造建造物でもある。勤政殿は国王の即位式をはじめ、中国からの使節との接見、臣下との朝会などの重要な国家行事が行われた朝鮮王朝の心臓部だ。

十二支の像など見事な彫刻が施されている建物には、内部に広い吹き抜けがあり、国王の玉座が設けられている。後ろに張りめぐらされた屏風に描かれている「日月五峰図」は、現在、一万ウォン紙幣の絵柄にも採用されている。

勤政殿の周辺には、国王が御前会議を行い、各種政策を決定するなど臣下と国事を行っていた思政殿《サジョンジョン》や、王と王妃の生活の場であり、寝室でもあった康寧殿《カンニョンジョン》と交泰殿《キョテジョン》、国の祝い事の際に宴が催された慶会楼《キョンフェル》など、荘厳で美しい建物が並んでいる。

だが、古の政治が司られた宮殿は、植民地時代に日本によってなされた「屈辱の現場」でもある。その象徴が日清戦争開戦時の日本軍による王宮占拠と、日清戦争間もない「明成皇后《ミョンソン》（閔《ミン》妃《ビ》）暗殺」、そして「旧朝鮮総督府」だ。

☸日本軍による王宮占領

日清戦争に至る経緯は、簡単に言うと次の通りだ。一八九四年春、悪政に対し、東学農民（東学=西洋の学に対する東洋の学。人間の平等と政治改革、庶民の暮らしを守ることを主張した一種の思想運動）の蜂起が起こった。農民軍は勢いを増し、ついに朝鮮王朝の出身地・全州《チョンジュ》を制圧した。それに対し、自国の軍だけでは対抗できなかった朝廷は、宗主国だった清国に応援の出兵を依頼する。清国政府はそれに応じ、二八〇〇名を派兵。それを見ていた日本政府も、ただちに四〇〇〇人の軍を派兵した。日本の目的は、この機会に清国と対戦して打ち負かし、清国を朝鮮半島から追い出して、朝鮮を日本の支配下に収めることだった。

そうした過程を見ていた農民軍は、日清両国の介入を避けるために自国政府と和議を結び、兵を引く。これにより、日本軍は朝鮮国内の紛争に乗じて、清国軍と対戦する機会を失った。しかし、何とか対戦の口実を見つけ出したいことから、窮余の一策として考え出したのが、朝鮮国王に対し、独立のために清国軍を朝鮮から追い出してほしいという依頼状を日本に提出させるということだった。そのため、一八八四年七月二三日未明、日本軍は極秘のうちに綿密な作戦計画を立て、景福宮に侵入。国王を手中にし、清国軍駆逐の依頼を出させ、二日後の二五日、牙山《アサン》沖で日清戦争の火ぶたが切って落とされた。

この史実は長い間知られていなかったが、一九九四年に奈良女子大学の中塚明名誉教授による著書『歴史の偽造をただす―戦史から消された日本軍の「朝鮮王宮占領」』（高文研）によって、その詳細が知られるところなった。

☸明成《ミョンソン》皇后暗殺

景福宮の最も奥まで歩いていくと、国王高宗と明成皇后が住んでいた乾清宮《コンチョングン》がある。そのすぐ南側には、池に囲まれた小島に香遠亭《ヒャンウォンジョン》がある。春には小島に咲く花々と、池に架けられた橋が美しいコントラストを描き、高宗はこの場所の散策をこよなく愛していたという。

明成皇后の暗殺現場となった乾清宮

その場所が、惨劇の現場となったのは、一八九五年十月八日早朝のことだった。

日本からの軍事指導を受けた朝鮮人による「訓練隊」と、日本人の大陸浪人らが、光化門《クァンファムン》の城壁に梯子をかけて内部に侵入。朝鮮の侍衛兵と衝突する中、一部の浪人らが乾清宮を目指した。乾清宮へたどりついた暴徒は、明成皇后を捜し出して惨殺したのだ。

在日二世の歴史家、金文子氏による『朝鮮王妃殺害と日本人』（高文研）では、明成皇后殺害の様子について、以下のように描写している。

日本の軍隊が乾清宮を取り囲み、日本刀を振りかざした「壮士」たちが、門と兵を破って乾清宮に乱入してきたとき、国王高宗は自ら庭に面した広間に出て、進入者たちが奥へ入るのを防ごうとした。近侍《きんじ》の者は、手を大きく上下に振りながら、「大君主陛下、大君主陛下」と連呼した。しかし侵入者たちは、国王の傍らを、ときには国王の肩をつつきながら、王妃を求めて長安堂に侵入した。

その時、王妃は、宮女たちとともに長安堂の奥の堂に潜んだ。その部屋で、侵入者たちの前に立ち塞がった宮内大臣李耕移《イギョンジク》は、日本人士官にピストルで撃たれた。宮女たちが次々に部屋から引きずり出されるのを見た李耕移は、よろめきながらもなお王妃の傍らへ行こうとして廊下に出たところを、襟髪をつかまれて引き倒され、さらに日本刀で斬られて、縁側から庭先へ落とされた。

王妃かもしれないと疑われたもの三名が、庭先に引き出されて斬り殺された。その中に閔氏もいた。

明成皇后暗殺の背景には、当時の朝鮮政府内の勢力争いがある。

暗殺から約半年前の一八九五年四月、日清戦争の講和会議で日清講和条約（下関条約）が結ばれ、日本は台湾、膨湖諸島と遼東半島を中国に割譲させた。しかし、東アジアでの日本の影響力拡大に懸念を示したロシアを中心に、ドイツ、フランスが遼東半島の返還を要求。その圧力によって、日本はこれに応じざるを得なくなる（三国干渉）。

このこともあり、清国に代わって浮かび上がってきたロシアの影響力に注目し、ロシアと結んで日本の力をけん制しようとする動きが出てきた。この中心にいたのが明成皇后だった。一方、日本の参謀本部（その中心は川上操六参謀次長）は、日清戦争後も日本軍の朝鮮駐留を目論んでおり、そのためにどうしても欠かせない電信線の敷設と、その保持を必要としていた。そこで、その最大の障害となる明成皇后を排除しようと考えたのである。そのために、それまでの井上馨公使に代えて、陸軍中将の三浦梧楼が公使となり、朝鮮駐留軍の指揮権の承認を受けた上で九月に着任。翌十月に川上参謀次長と綿密な連絡を取って、謀略を決行したのである。

他国の王宮に侵入して王妃を殺害する行為が、日本の全権公使である三浦梧楼の指揮によって引き起こされたことは、ソウルに在住していた欧米諸国のジャーナリストや外交官によって徐々に世界に知られていくようになる。この事件では、朝鮮人三人が捕らえられ、明成皇后に対する謀反罪として朝鮮で裁判にかけられ、絞首刑の判決を受けている。

一方、事件が世界に知れ渡ったことで対応を迫られた日本政府は、三浦ら関係者を本国に召喚。四十八人の非軍人と八人の軍人をそれぞれ収監して取り調べたが、三カ月後には証拠不十分として、全員が釈放されている。

殺害現場となった乾清宮近くには、以前は「明成皇后殉難碑」と「明成皇后遭難図」が設けら

明成皇后の肖像画が掲げられている暗殺現場となった部屋

れていた。殉難碑の横に設けられた遭難図は、明成皇后が襲われるところと、日本人がその遺体を焼却する場面が描かれ、凄惨なものとなっていた。だが、乾清宮の再建にあわせて、明成皇后の碑などは、生地であるソウル郊外に位置する京畿道《キョンギド》・楊州《ヤンジュ》市の洪陵《ホンルン》に移された。

真新しい乾清宮の内部に、明成皇后暗殺の事実を示す掲示物は見当たらない。付近にある案内板に殺害現場であるとの説明書きがあるが、英語とハングル表記のみなので、一般の日本人観光客にはわかりづらいかもしれない。明成皇后がいたとされる部屋をのぞくと、肖像画が一枚掲げられていただけだった。

だが、この場所を訪れる韓国人の多くは、そうした歴史を知識として知っている。休日などには、大人に引率されて歴史を学ぶ小学生たち

光化門と勤政殿の間に建てられていた旧朝鮮総督府庁舎

の姿を見ることもある。また、景福宮の日本語ガイドには、この場所に来ると明成皇后暗殺について説明を行う人もいる。明成皇后暗殺は、韓国人にとって決して忘れられない事件として記憶にとどめられている。一方、最近では明成皇后の子孫にあたる閔の姓を持つ人の中で、日本人と国際結婚したケースもある。一世紀以上という時の経過を実感するエピソードといえるだろう。

❁旧朝鮮総督府

韓国で多くの人が知る「人物」の一人に、コバウおじさんがいる。実在の人物ではない。韓国の有力新聞『朝鮮日報』や『東亜日報』などで一九五〇年から約五十年間、一万四千回以上の連載を続けた、金星煥《キムソンファン》氏の筆による四コマ漫画の主人公だ。五十周年を迎えた際は、記念切手が出されたほどの人気キャラクターだった。

軍事独裁政権時代も権力者に対するウィットに富んだ風刺を続け、庶民からの人気を得たコバウおじさんだが、一九九三年八月十二日に掲載された四コマ漫画では、日本植民地時代の象徴とされた旧朝鮮総督府の解体を扱っている。

〈一コマ目〉「(旧朝鮮総督府の) 撤去費用が問題だ」と頭を抱える政治家。そこにコバウおじさんが現れる。

〈二コマ目〉「いや、カネを受け取って撤去することができますよ」とコバウおじさん。驚く政治家。

〈三コマ目〉「旧総督府官邸取り壊し」との看板を掲げ、ツルハシを置くコバウおじさん。「十分間の取り壊し作業で百ウォン!」

〈四コマ目〉旧朝鮮総督府に群がり、自ら百ウォンを払って取り壊し作業をする人たち。「うちのおじいさんがどんなに!」「チョッパリ (日本人への蔑称) のせいで!」


旧朝鮮総督府は、景福宮の入り口である光化門と勤政殿のあいだに、王宮を遮断する形で建てられた。風水の説によれば、北岳山《プガッサン》から景福宮を通り南に流れる龍脈が集中し、精気の溜まる場所が勤政殿であり、その目の前に旧総督府を建てたことにより、風水の効果をつぶしたことになる。威圧的な外観は、外壁に花崗岩、内部には朝鮮各地十四カ所から採取した大理石を使用したという。

ネオ・ルネッサンス様式を採用した建物の基本設計は、ドイツ生まれのゲオルグ・デ・ランデによるものだ。彼はソウルの鉄道ホテル (現・ウェスティン朝鮮ホテル) や、神戸の旧トーマス

独立記念館にある旧朝鮮総督府のドーム先端部

邸（風見鶏の館）などを設計したと言われる。鉄筋五階建て、総面積は一万坪を超える巨大な建造物は、一九一六年に着工して二五年に完成。当時、景福宮内にあった建造物の多くが、旧総督府建設に伴って解体されたり、倉庫として利用されるなどした。

朝鮮総督府とは、一九一〇年八月の「韓国併合」から一九四五年八月十五日の「解放」まで、日本の植民地政策の中心を担った場所だ。それまで置かれていた統監府と、韓国の行政機関を結合させる形で、新しい機構として発足した。

トップの総督は天皇の親任官で、軍隊を統率するほか、立法権、行政権、司法権（法官の人事権など）を掌握する強大な権力を有していた。一人に権力が集中する前近代的な統治体制がとられる中、初代の総督には陸相兼務の寺内正毅《てらうちまさたけ》陸軍大将が就任。歴代総督九人のうち、第三代の齋藤實海軍大将以外はすべて陸軍大将が就任し、軍事的な色彩が濃かった。また、寺内、齋藤、小磯国昭らは、総督退任後に日本で内閣総理大臣を務めており、朝鮮総督のポストの重要さがうかがい知れる。

解放後は一九八三年まで大韓民国（一九四八年八月十五日政府樹立）の政府庁舎として使われ、一九八六年からは国立中央博物館になった。だが、一九九三年八月に金泳三《キムヨンサム》大統領が解体を決定。貴重な建築物との指摘や、韓国樹立を宣言した重要な場所であるとの意見のほか、植民地支配の教訓として残すべきとの意見もあったが、一九九六年十一月には完全に破壊され、国立博物館はソウル南部の竜山に移され、旧朝鮮総督府の建物のドーム先端部分だけが、天安《チョナン》にある独立記念館に保存されている。

取り壊しの直前、金泳三大統領は日本のメディアに対し「建物が残っている限り、国民は植民地時代を思い出し、反日感情をあおることになるので、未来志向の日韓関係のためには取り除くしかない。旧総督府がなくなり、宮殿が復旧されれば、国民感情もだいぶ変わるだろう」と話している。その言葉は、どこまで実際のものとなったのだろうか。

（2）光化門《クァンファムン》から清渓川《チョンゲチョン》へ——六百年の歴史と植民地時代の面影

韓国大統領が定例で行う演説の中で、日本メディアがその内容を最も注視するのが八月十五日の「光復節」での演説だ。日本では「終戦記念日」とされる日だが、韓国では日本の植民地支配

北岳山を背にした光化門

から解放された記念すべき日となっている。その日に、日本に対してどういったメッセージを発するかが、日韓関係をうかがう上での重要な指標となっているからだ。

二〇一〇年の「光復節」は、解放から六十五周年を迎えたのに加え、韓国併合から百年目となる節目の年だった。その年に、李明博《イミョンバク》大統領が演説場所として選んだのが、新たに復元された景福宮の正門、「光化門」前の広場だった。復元工事を終えた光化門は、この日に合わせて一般公開された。大統領演説とともに行われた記念式典では、同門に掲げられた「扁額《へんがく》」(門戸や室内に掲げる長い額)の除幕式を行い、李大統領は「八十四年ぶりに本来の場所と姿で改修された光化門は、韓国の新たな歴史を開く門になるだろう」と述べている。

光化門が最初に建てられたのは、李成桂《イソンゲ》がソウルに遷都した一三九五年。それ以来、焼失や移転、再建を繰り返してきた。豊臣秀吉による朝鮮侵略の際に焼失。興宣大院君が景福宮を復元した際に再建されたが、韓国併合後の一九二六年、朝鮮総督府の建設を理由に、王宮の東側へ移転された。当初は取り壊す予定だったが、柳宗悦《やなぎむねよし》らの反対によって破壊を免れた経緯がある。

柳は、日用品の中に美を見出す民芸運動の創始者として知られる。光化門が取り壊されると知った柳は、一九二二年に発行された雑誌「改造」に「失はれんとする一朝鮮建築の為に」という表題の文章を執筆。「何らの創造的美を含まぬ洋風の建築が突如としてこの神聖な地を犯した」と、総督府建設を厳しく批判した。さらに、柳は世論に訴えた。

「光化門よ、光化門よ、お前の命がもう旦夕《たんせき》に迫ろうとしている。お前が嘗《かつ》てこの世にゐたという記憶が、冷たい忘却の中に葬り去られやうとしてゐる。どうしたらいいのであるか。私は思い惑っている。醜い鑿《のみ》や無情の槌《つち》がお前の体を少しずつ破壊し始める日はもう遠くないのだ」

この原稿は朝鮮語にも翻訳され、ソウルで創刊間もない民族紙、東亜日報に掲載された。この論稿は日韓で大きな反響を呼び、光化門が破壊を免れるきっかけとなった。

だが、その後の朝鮮戦争で光化門はまたも焼失の憂き目にあう。一九六八年、朴正熙《パクチョンヒ》大統領（当時）の命によって再建された光化門は、本来の位置から北に十一・二メートル、東に十三・五メートルずれ、楼閣の部分も木ではなく鉄筋コンクリートで建設され、本来の姿とは大

世宗路・光化門広場にある世宗大王像。世宗大王は１万ウォン札にも描かれている。

きな違いがあった。また、旧総督府の角度に合わせて建てられたため、景福宮の中心軸から三・七五度ずれていた。こうした位置的なずれは、そのまま日本による植民地支配の残滓《ざんし》と受け止められ、大規模な改修工事が行われた。

二〇一〇年に改修された光化門は、総督府建設によって光化門を解体し移設する際に日本人技師が残した図面をもとに、位置を修正して木造で建てられた。韓国併合から百年の年に復元された光化門は、旧朝鮮総督府解体に続く、日本植民地時代の負の遺産のひとつの総決算だった。

光化門を背に立つと、目の前にはソウルの中心部を南北に走る世宗路《セジョンノ》が延びている。二〇〇九年夏、両側十六車線のうち中央の六車線が「光化門広場」として造成され、新たな市民の憩いの場となった。夏には噴水に子どもたちがたわむれ、冬にはスノーボードのジャンプ台が設けられてイベントが開かれたりもする。

広場の北側には「訓民正音」（ハングル文字の古称）を制定したとされる朝鮮の四代国王、世宗《セジョン》大王の像が建つ。世宗大王は韓国の一万ウォン札でも顔馴染みの人物で、世宗路の名前にふさわしく広場に設置された。

その先には、豊臣秀吉の侵略軍を破り、民族の英雄と称えられる李舜臣《イスンシン》の像が仁王立ちしている。北岳山を背景にした風景は美しく、この広場で記念撮影を行っている観光客たちの姿が目立つ。カメラに映し出されたであろうその空間は、韓国人にとって「民族の精気」が込められた場所でもある。

光化門広場の李舜臣像。後ろに北岳山がそびえる。

訓民正音の文字盤を前に、光化門を背負うかのように腰を据える世宗大王の後方に回ると、地下へ続く入口がある。ここは、光化門広場の造成に合わせて作られた世宗大王と李舜臣の博物館「世宗イヤギ（物語）」「李舜臣イヤギ」だ。

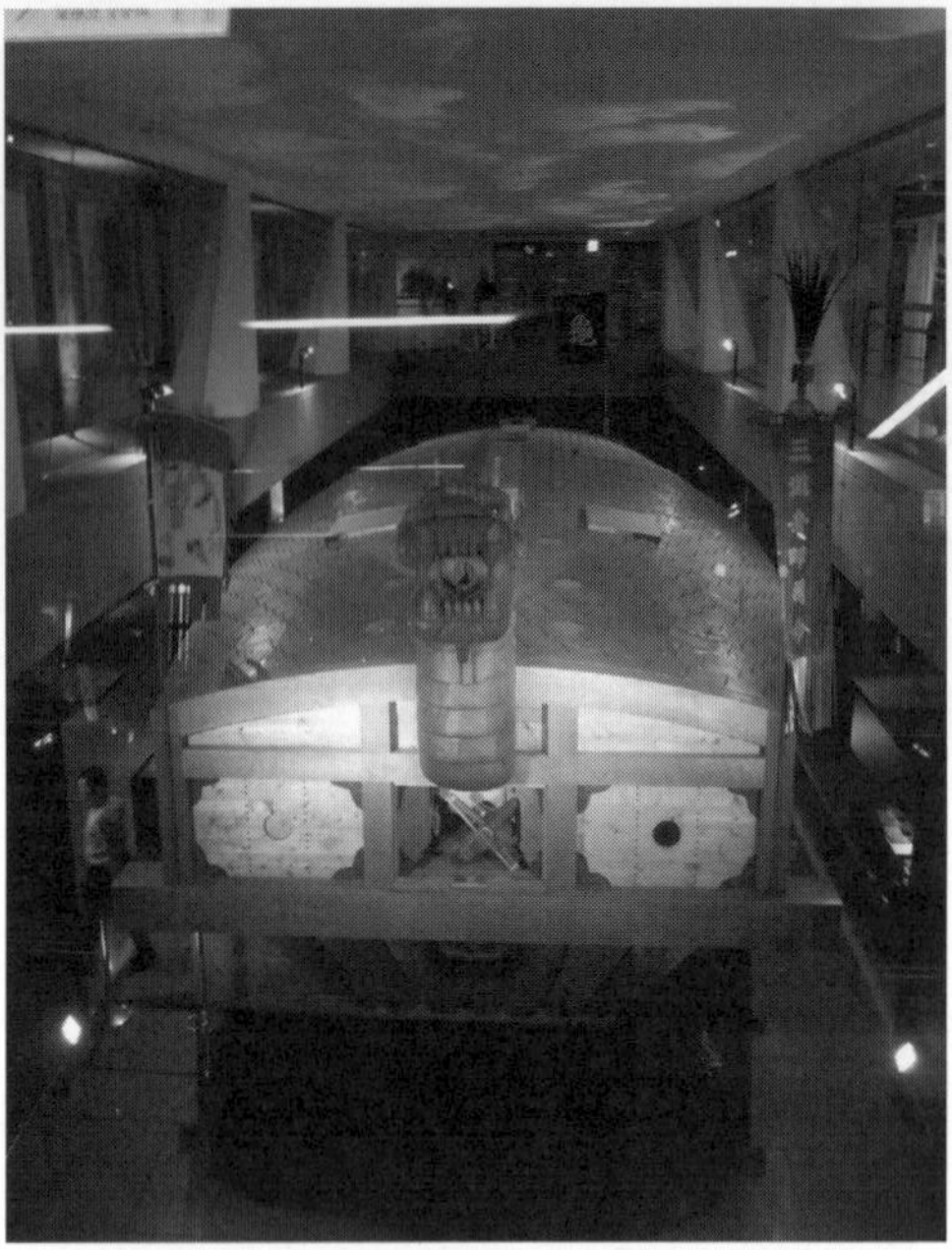

「李舜臣イヤギ」（博物館）に展示されている、秀吉軍を破った亀甲船の10分の1模型。

世宗大王にまつわるエピソードは様々ある。その中でも、展示は貧しい人々のために行った政策「奴婢出産休暇制度」「部民告訴禁止法」などが中心で、人徳のある人柄が紹介されている。また、ハングルの制定過程や原理の解説のほか、日時計（仰釜日晷《ぎょうふにっき》）の模型も見ることができる。

李舜臣イヤギでは、豊臣秀吉の軍を破ったとされる「亀甲《きっこう》船」の模型やその仕組み、海戦における李舜臣の戦法が詳しく解説されている。ここは子どもたちの体験学習の場ともなっている。亀甲船の仕組みを知るための組み立て積み木のコーナーには子どもが群がり、四苦八苦しながら亀甲船を作る姿が目につく。このほか、大砲を撃ったり、船漕ぎ体験をするスペースもあり、子どもたちの人気のスポットとなっている。李舜臣が日本軍を撃退した鳴梁海戦《めいりょうかいせん》の様子が再現されている体験室もある。

広場の端は、世宗路とソウルの東西軸である鍾路《チョンノ》が交わる大きな交差点になっている。その一角にある高宗即位四十年記念碑の置かれた場所には、ソウルと韓国各地の道路の距離を表示する基準点の「道路元標」があり、ここがソウルの中心的な場所であることがわかる。道沿いに進むと、石造りのがっしりとした古い建物が目に入る。その一つが、東亜日報社の隣にある「一民美術館《イルミンミスルグァン》」だ。

一九九六年にオープンした美術館の建物は、東亜日報社が植民地時代の一九二六年から一九六六年まで社屋として使用していた。東亜日報社と、道路を挟んだ向かいに建つ朝鮮日報社は、いずれも一九二〇年に創刊されたハングル文字の新聞社だ。背景には、三・一運動（一九一九年）を契機に、日本がその朝鮮統治を武断政治から文化政治（総督武官制や憲兵警察を廃止する懐柔策）に切り替えざるを得なかったことがある。このためある程度の集会の自由や言論の自由が認められ、その過程で二紙が創刊された。一九三六年八月のベルリン五輪でのマラソン競技で孫《ソン》基禎《ギジョン》選手が優勝した際、表彰台に立った孫選手の写真に、東亜日報が胸の日の丸を塗りつぶして掲載したエピソードは有名だ。

二紙ともに「創氏改名」が実施された一九四〇年に発行禁止となるが、大韓民国成立後は、同国を代表する新聞社として発展。韓国では伝統的に言論界のステータスが高く、世論形成や政財界に大きな影響を及ぼした。現在も、保守系メディアの代表格として、その存在感を保っている。

ライトアップされた清渓川

二社のビルのすぐ前に流れるのは、今や観光スポットとなった清渓川《チョンゲチョン》だ。朝鮮時代では生活用水として使われ、その後は排水によって汚染され下水となり、一九七一年には暗渠化されて上に道路が走っていた。これを再整備し、清らかな水が流れる運河として地上に復元したのが、ソウル市長時代の李明博大統領だ。李大統領の実行力を示すセールスポイントとされ、二〇〇七年の大統領選では候補者だった李大統領が最終演説を行った場所でもある。

(3) 市庁前広場周辺をめぐる

——日露戦争後の日本と朝鮮半島

❁ ソウル市庁とソウル市議会

さまざまな集会が開かれるソウル市庁前広場

ソウル市庁前広場は、現在、韓国の中で最も世界的に知られている場所かもしれない。二〇〇二年の日韓ワールドカップ（W杯）では、ベスト四まで進出した韓国チームを応援するため、広場は赤いユニフォームを着た人たちの姿で真っ赤に染まった。また、米国産輸入牛肉の安全性をめぐって大規模な反政府デモに発展した〇七年の「ろうそく集会」や、〇八年に自殺した盧武鉉《ノムヒョン》前大統領の葬儀では、あふれんばかりの人が集まった。当時の模様は、写真や映像などで多くの人に記憶されているはずだ。

ここに旧京城《けいじょう》府庁舎としてソウル市庁が置かれたのは、植民地時代の一九二六年だった。設計は朝鮮総督府の建築課長だった岩井長三郎。地下一階、地上三階の近代的な建物だった。国王の高宗《コジョン》が二二年間を過ごした徳寿宮《トクスグン》を真横からにらみ付ける位置にあるのも、景福宮に朝鮮総督府を建てたのと同じ発想かもしれない。

ソウル市庁舎をめぐっては、一つの「噂」がある。ソウル市庁の形は、上から見ると「本」という字に見えるというのだ。ソウルの中心部に「大日本」を意味する文字をかたどった建物を置き、朝鮮民族の「気」を奪おうとした。そうした説がまことしやかに語られることがある。そのソウル市庁舎も建て替え工事により、往時の姿は消え去ってしまった。「大日本」の説は本当なのか、それともこじつけなのか。「現場」がなくなってしまい、その確認は困難になってしまった。

ソウル市庁舎の向かいに建つソウル市議会議事堂

道路をはさんだ向かいに建つソウル市議会は、植民地時代は「京城府民館」（公民館のようなもの）として使用された。竣工した一九三六年には珍しく、冷暖房完備の最新施設だった。だが、その名を轟かせたのは、終戦直前の一九四五年七月二四日に起きた爆弾テロ事件だ。代表的親日家の朴春琴《パクチュングム》が結成した大義党が、総督府の関係者などが参加して、欧米列強の植民地支配を糾弾する「亜細亜民族憤激大会」を開催。弁論が始まる直前に、二個の爆弾が炸裂した。

高宗の長寿を祈って名づけられた徳寿宮

一人が死亡して数十人が負傷し、会場は大混乱となった。実行犯として現行犯逮捕されたのは抗日運動家の趙文紀《チョムンギ》らだ。だが、直後に解放を迎えたため、処罰されることはなかった。趙文紀は後に韓国政府から愛国者として勲章を受け、いわゆる「親日派」を追及する民族問題研究所の理事長まで歴任。二〇〇八年に八十歳でこの世を去っている。

府民館は朝鮮戦争後、国会議事堂として一九七五年まで使われた。その後は市民会館や世宗文化会館の別館として使われた後、現在はソウル市議会議事堂となっている。

☸ロシア公使館に「亡命」した高宗《コジョン》と徳寿宮《トクスグン》

ソウル市庁前広場に面した王宮、徳寿宮は、その立地からソウルを訪れる観光客の多くが一度は目にしたことのある場所だろう。だが、その歴史は非常に複雑だ。

徳寿宮という名前は一九〇七年につけられた新しい名称である。それ以前は慶運宮と呼ばれていた。一五九二年、当時の国王だった宣祖《ソンジョ》（十四代）が、豊臣秀吉の第一次侵略による疎開先の義州《ウイジュ》から戻ってくると、宮殿はすべて破壊されていた。そのため、九代国王・成宗《ソンジョン》の兄である月山《ウォルサン》大君《テグン》の住まいだったこの場所で執務を行うようになった。それ以来、そこは慶運宮と呼ばれるようになった。

高宗が１年以上執務を行った旧ロシア公使館

慶運宮は近代に入り、重要な舞台として、多くの人に知られることになる。
明成皇后が暗殺された翌年の一八九六年二月十一日朝、女装した高宗と皇太子・純宗《スンジョン》が宮女用の御輿に乗って、密かに景福宮を脱出した。向かった先はロシア公使館。王妃であった明成皇后の殺害後、宮殿に幽閉されていた高宗が、次は自分が殺されるのではという恐怖感からとった計画的行動だった。ロシアの側にも、朝鮮半島の主導権を日本から奪いたいという思惑があり、日本への圧力としてロシアを利用したい高宗と利害が一致した。高宗は一年以上にわたり、ロシア公使館で執務を行う。この事件は「俄館播遷《アグァンパチョン》」（露館播遷《ろかんはせん》）として知られている。

一八九七年二月、高宗は執務の場所をロシア公使館から慶運宮に移す。その理由は、慶運宮がロシア公使館に接し、米英の公使館にも近かったからだった。明成皇后暗殺の時のように、日本軍が門を蹴破って突入してくることを恐れた高宗は、ロシアや米英の各国公使館と慶運宮を結ぶ道路をつくった。ロシア公使館の跡地にある説明板には「（ロシア公使館の）東北方面に地下室があり、その一部分だけが発掘されたが、これは慶運宮と連結されていたという」と書かれている。

そうした不安を抱えながらも、同年十月、高宗は国号を「朝鮮」から「大韓帝国」と改める。二年前の日韓講和条約で「朝鮮国が完全無欠な独立自主の国であることが確認」され、清国との宗属関係が明確に絶たれた。朝鮮が日本や中国、ロシアなどと並ぶ主権国家であることを宣言したのである。そのうえで、高宗は皇帝に就任して皇帝主導の改革を実行しようとした。しかし、つづく日露戦争（一九〇四～〇五年）で勝利して清国に続いてロシアをも朝鮮から追い出した日本により、大韓帝国の実態は次々と骨抜きにされる。日本は、日露戦争中の第一次日韓協約（一九〇四年）に続き、第二次協約（〇五年）で統監府を置くこととし、伊藤博文が統監に就任。さらに〇七年の第三次協約によって大韓帝国を統監の支配下に置くことを認めさせたのである。

そうした中、高宗はオランダ・ハーグで開かれた第二回万国平和会議に日本の不当を訴える特使を派遣する（ハーグ特使事件）。しかし、その訴えは取り上げられず、逆に日本政府は特使を送った高宗の責任を問うて退任させ、皇太子の純宗を即位させた。

高宗はハーグ特使事件によって一九〇七年に退位させられた後も、慶運宮に住み続けた。「徳寿宮」という名前は、高宗の長寿を祈ってこの年に付けられた。一九一九年一月に慶運宮で死去した際、巷では日本による毒殺説が出回り、「三・一独立万歳運動」を引き起こすきっかけとなったともいわれる。

徳寿宮に入ると、朝鮮時代の建築様式はもちろん、日米英が建築に加わった石造殿や、ロシア人の建築家による静観軒が目につく。朝鮮独特のスタイルと各国の様式が混在した宮殿内の風景は、列強の思惑に翻弄され続けた高宗の人生と重なるようだ。

❁ 圜丘壇《カングダン》から梨花《イファ》女子高校まで

ソウル市庁前広場の前に建つプラザホテル脇の道路をのぼっていくと、ソウルでも屈指の高級ホテルとして知られるウェスティン朝鮮ホテルがある。前身は一九一四年に開業した「京城鉄道ホテル」で、地下一階、地上四階の石造の建物は、当時としては豪華なものだった。一九六八年に取り壊され、新しくホテルが建った今も、その豪華なたたずまいは変わらないでいる。

喫茶コーナーや客室から外を望むと、三重の屋根を持った古い建物の八角堂が目に入る。周

ウェスティン朝鮮ホテルの一角にある圜丘壇跡の八角堂

りは整備された芝生で囲まれており、ホテルの庭園の一部だと思う人も少なくないだろう。だが、そこは庭園ではなく、国王の高宗が天に対する祭祀を行う圜丘壇のあった神聖な場所だ。

ロシア公使館から慶運宮に戻った高宗は一八九七年十月十二日、百名ほどの臣下たちを従え、ここで皇帝即位式を行う。円形の祀殿《しでん》で天と地の神に宣誓し、国名を大韓帝国と改めた。朝鮮が清との数百年にわたる宗属関係を断ち、完全に独立した国家であることを示した瞬間だった。

当時の朝鮮は、高宗がロシア公使館に身を寄せている間に、日本やロシアから権益獲得への圧力が強まっていた。とりわけ日本は、釜山《プサン》や仁川《インチョン》、元山《ウォンサン》（現在は北朝鮮）などを開港させており、商業活動の足場を全国に広げていく。それに呼応するように、腐敗した封建支配層たちはカネ目当てに権益を次々と売却していった。そうした状況を目の当たりにした高宗は、自ら皇帝に就任して政治改革を断行しようとした。「大韓帝国」を宣言した背景には、そうした高宗の焦りがあったのだ。

圜丘壇は、朝鮮各地での鉄道敷設により増加する訪問客に対応するため、朝鮮総督府が京城鉄道ホテルを建設した際、八角堂だけを残して破壊され、大きさは半分ほどになってしまった。現在に伝わる圜丘壇は、ウェスティン朝鮮ホテルの正門脇や、ロッテホテルとプレジデントホテルの間にある路地奥の階段からつながっている。八角堂の傍に建てられている圜丘壇の説明文からは、国王が祭祀を行った場所をホテルとされてしまった朝鮮人たちの、複雑な胸の内を読み取ることができる。

「圜丘壇　史跡　第157号　所在地　ソウル特別市中区小公洞

この壇は一名圜丘壇、略して圜壇とも言う。

地神が祭祀をとりおこなう社稷檀《サジックタン》が陰陽論にしたがって方形で築かれているのとは違い、天に祭祀をとりおこなうので円形で築いている。

光武元年（一八九七年）十月、高宗皇帝の即位を控えて南別宮に圜丘壇を築き、十月十一日に高宗が百官を引き連れて圜丘壇に出で、天神に告祭して皇帝となった。しかし日帝（日本帝国主義）は一九一一年二月、圜丘壇の建物を総督府の所管とし、一九一三年に圜丘壇を破壊して、その場所に建坪約五八〇坪の朝鮮総督府鉄道ホテルを建てた。それにより、壇の北の隅にある神位を奉安するところだった八角堂だけが、大韓帝国の傾いた国運とともに悲しみながら建っている」

圜丘壇からソウル市庁前広場を横断し、徳寿宮の壁に沿って貞洞《チョンドン》方面へ歩くと、どこか異国情緒にあふれていることに気づく。この一帯は、高宗が一時身を寄せたロシア公使館をはじめ、一九世紀末に外国の公館が集まっていた場所だった。それに伴って教会やホテル、学校などが建てられ、現在も独特の風情を醸し出している。徳寿宮の正門である大漢門の左側から約八百メートルにわたって延びる「貞洞キル（道）」は「石垣道《トクダムキル》」の通称で親しまれ、韓国を代表する散策路として知られている。

一八八三年には米国公使館（現在は米国大使公邸）、翌年に英国大使館（現在も使用）、その翌年にはロシア公使館が相次いで建てられた。ロシア公使館は朝鮮戦争の際に破壊され、塔と地下二層だけが残っていたが一九七三年に復元された。白い塔が印象的で、階段の下は広い公園になっている。近くには、二〇〇二年に開館したロシア大使館が建っている。

海外公館が建てられると、その周りには教会が設けられた。一八九七年に完成した韓国キリ

韓国プロテスタント界で最初に建てられた、貞洞第一教会

スト教界初の建造物である貞洞第一教会は、赤レンガを使った北米ゴシック様式の美しい姿を今も誇っている。竣工当時には百十五坪の広さだったが、一九二六年に両側部分に建て増しを行い、現在は百七十五坪ほど。

アメリカのメソジスト教会所属の宣教師のアペンゼラー牧師によって設立された。アペンゼラーはこれに先立つ一八八五年、韓国初の近代教育機関となる培材学堂を開校した。礼拝のためだけに使う建物も購入して「ベテル礼拝堂」と名づけたが、ここに通う信徒が増えたために新たな教会の建設が必要となり、貞洞第一教会の建設につながった。

さらに石垣道を歩くと、梨花《イファ》女子高校が現れる。アペンゼラーと同じくソウルに宣教師として赴いていたメアリー・F・スクラントン女史が一八八六年に開校（当時の呼称は梨花学堂）した、韓国女性教育の原点とされる場所だ。学校には「韓国女子新教育発祥地」との石碑が置かれている。

☸「韓国のジャンヌダルク」柳寛順《ユグァンスン》

梨花学堂で学んだ一人に柳寛順がいる。柳寛順は一九一九年三月一日、日本による植民地支配下の朝鮮半島で起きた最大規模の反日独立運動「三・一独立運動」に参加し、警察の拷問によっ

梨花女子高校にある柳寛順の銅像

て一六歳で獄死した少女だ。韓国では教科書にも登場し、世宗大王、李舜臣と並ぶ偉人ととらえられている。ソウル東部にある新羅《シルラ》ホテル近くの南山公園《ナムサンコンウォン》には高さ約三メートルの銅像が建っているほか、梨花女子高校には柳寛順記念館があり、その前には胸を張って歩く女性の像がある（見学の際には校門の守衛室で目的を告げ、許可をもらう必要がある。日本語は通じないので注意）。

柳寛順とは、いったいどんな人物だったのか。南山公園の銅像には、次のような説明文が刻まれている。

「柳寛順は一九〇四年三月一五日、忠清南道《チュンチョンナムド》天安《チョナン》郡東面地霊里で、父柳重権《ユジュングォン》と母李氏との間に四人きょうだいの中の一人として生まれた。一九一六年三月、梨花普通学校を経て梨花学堂高等課一年に入学した。一九一九年三月一日、祖国愛に燃える二〇〇〇万同胞が、日本兵の銃剣が霜のように光る中で、自由がないなら死をくれと素手抗争の万歳運動を起こした時、柳寛順は太極《テグッ》旗《キ》を高く掲げて大韓独立万歳を大声で叫んだ。その時、わずか一六歳の少女だった。名もない指導者となって天安・燕岐《ヨンギ》・清川《チョンチョン》・鎮川《チンチョン》の市場で万歳運動を起こしたので、天も泣かし、地も揺らした。彼女は結局、日本兵に捕まって七年間の懲役を宣告され、彼女の両親は無残に銃殺された。日本の警察はあらゆる拷問で彼女を屈服させようとしたが、彼女は毅然として屈しなかった。凶悪な日本の警察はとうとう柳寛順を監獄で殺した。一九二〇年一〇月一二日のことであった。

ああ、韓国の娘、柳寛順はここに永遠に生きている。同胞の胸のすみずみまで太陽のように生きている。すさまじい亡国の恨《ハン》を胸に抱いて育ったあなたは天上の星となり、永遠に祖国を守るだろう」

この文章からも、韓国内で柳寛順がいかに「独立運動の義士」として尊敬されているかがわかるだろう。上記の説明に加え、柳寛順の生涯をまとめてみると以下のようになる。

梨花学堂中等科二年を目前にしていた柳寛順は、三・一運動に触発され、友人たちとデモに加わる。これに対し、学生たちのデモを封じ込めるため、朝鮮総督府は各学校を強制的に休校とした。このため、柳寛順は故郷の天安へと帰っていく。だが、そこでも独立を求めるデモが行われ、憲兵隊の発砲によって多数の死者が出る惨事が起きる（並川事件）。その中には、父親の柳重権も含まれていた。

柳寛順ら多数が警察に連行され、首謀者は拷問で厳しく問い詰められる。裁判では法廷でも独立を声高に求め、法廷侮辱罪も加わって懲役七年を言い渡された。西大門《ソデムン》監獄に収監された後も独立万歳を叫び、看守の暴行によって息絶えてしまう。遺体は梨花学堂校長のフライが引き渡しを求めるが、当局は渋って引き延ばしを図った。結局、国際社会の圧力で引き渡され、梨泰院《イテウォン》共同墓地に埋葬された。

大まかに以上のように伝えられるが、実際の柳寛順の生涯は、実証的な資料の不足もあり、事

梨花女子高校に残る梨花学堂時代の井戸

実関係に未確認な部分もある。出生や死亡年月日は記録によってまちまちで、名前の漢字表記や兄弟の数、梨花学堂に入学した年度も、やはりそれぞれ異なっている。また、裁判での刑量も、教科書に記載されていた「検事に椅子を投げつけたため法廷冒とく罪が追加され、七年の刑を宣告された」というのは誤りで、三年だったとの説もある。さらに、遺体に関しては、日本の官史によって四肢が切断されたとも言われるが、実際の目撃者の証言によって否定されている。天安市の郷土史研究家、任明淳《イムミョンスン》さんは、韓国紙の取材に「盲目的な思い込みからいい加減な事実が広まり、子ども向けの伝記にまで掲載された」とし、「冷静になって史実を確認すべきだ」と指摘している。

だが、柳寛順が三・一独立運動に参加し、日本の官憲に捕らえられて刑務所で死亡した事実に変わりはない。さらに、彼女が韓国人にとって重要な人物として位置づけられているのも同じだ。

現在も三月一日は国民の休日で、大統領が例年演説を行い、各種の行事が行われる。そうした韓国人の心情を理解するうえで、柳寛順の生涯を知ることは大きな意味がある。

ショッピング街としてにぎわう明洞地区の街並み

梨花女子高校の入り口にある警備室で許可をもらい校庭に入ると、隅に古びた井戸がある。この井戸は、柳寛順が在籍していた梨花学堂の寄宿舎のものだ。現在は使われていないが、その前の広場に腰を下ろして、石垣道を行き交う人波の中にたたずんでいると、百年あまりの時間を遡る錯覚にとらわれてしまった。

（4）ソウル駅から新世界《シンセゲ》百貨店

――「京城《けいじょう》」経済の中心地

ソウル市庁前広場から乙支路《ウルジロ》に向かい、右手にロッテホテルを見ながら五分ほど歩くと明洞地区に出る。飲食店やファッション、化粧品、アクセサリーの店が軒を連ね、数多くの日本人観光客が訪れている。店の看板には日本語があふれ、日本語を操る店員の姿も珍しくない。日本から二泊三日程度の観光旅行なら、明洞地区のホテルに泊まり、明洞地区で観光を済ませて、明洞地区でお土産を買って帰るというパターンも十分成り立つほどだ。

その明洞地区は、日本による植民地支配下では「明治町」と呼ばれ、日本人居住区として栄えた。忠《チュン》武《ム》路《ロ》（忠武は李舜臣の雅号）から明洞にかけての一帯は「南村」とされ、植民地支配が安定するとともに、ソウルにやってきた多くの日本人の住処となった。一九三六年にソウルの人口は約七二万七〇〇〇人。うち日本人は約十万人で、七分の一を占めていたという。それまでのソウルは、王宮の景福宮を中心とした北側に官僚などハイソサエティな人たちが住み、南側には貧しい人たちが住んでいた。当時、日本の大使館や韓国統監府といった日本人にとっての重要な施設や憲兵隊の司令所は南山周辺にあった。新たにソウルの地へ参入してきた日本人は、自らの安全のためもあり、権威のある人たちが密集する北側よりも、南側の地を住処として選んだ。

一九三〇年代ごろの明洞地区の雰囲気について、紀行作家の鄭銀淑《チョンウンスク》氏は著書『韓国の昭和を歩く』（祥伝社新書）で次のように記している。

「現在の忠武路、明洞、筆洞《ピルドン》、会《ア》賢洞《ヒョンドン》などの地域は、日本の大都市をそのまま持ち込んだような雰囲気だったという。日本風の住宅や商店が密集し、下駄履きで着物姿の日本人が闊歩するのが日常的風景だった」

「忠武路一街（現在、ソウル中央郵便局があるところ）から忠武路二街である世宗ホテルの裏通り（泥峴《チンコゲ》と呼ばれたところ）には、洋服店、洋靴店、時計店、カフェなどが整然と並び、朝鮮における最先端スポット、流行発信基地となっていた」

1930年代の面影を残す明洞芸術劇場

当時の面影を残す建物はほとんどないが、残っている数少ない一つが中心部にある明洞芸術劇場だ。一九三四年から一九七三年まで「明洞国立劇場」（日本の植民地時代は「明治座」）として映画館や公演劇場、芸術劇場など韓国文化劇術を牽引した場所だ。一九七五年に一度姿を消すが、三年間の復元工事を経て、二〇〇九年六月に舞台を中心とした「明洞芸術劇場」として新たなスタートを切った。繁華街の中心部にある古めかしい雰囲気の建物が、独特の存在感を誇っている。

日本人居住区として急速に発展した明洞地区は、同時に商業の中心地としての姿も帯びていく。その中でもメインストリートに位置していたのが韓国銀行前の交差点だ。植民地時代は「鮮銀前広場」と呼ばれ、電車が通り、銀行や百貨店、

かつて「朝鮮銀行券」の紙幣を発行していた韓国銀行貨幣金融博物館（旧朝鮮銀行本店）

郵便局などが並んでいた。当時の写真を見ると、中央には赤レンガの中央郵便局が建つ。その左側には花崗岩を積み重ねた荘厳な作りの朝鮮銀行本店が目に入る。右側には、やはり花崗岩で作られた朝鮮貯蓄銀行と、ルネサンス様式の三越百貨店京城支店が並ぶ。その風景は、ここが経済と商業の中心地であったことを雄弁に物語っている。

朝鮮銀行は、金融面から植民地支配を強化する役目を担い、朝鮮銀行券という紙幣を発行していた。最盛期には国内十支店のほか、在外支店として日本四カ所、満州十六カ所、中国に四カ所、アメリカに一カ所の支店を置いていた。その営業範囲は、日本の海外侵略が拡大するとともに広がっていったという。現在は「韓国銀行貨幣金融博物館」として使われているが、存在感のある雰囲気はそのままに残っている。

旧ソウル駅。現在は「文化駅ソウル284」という文化施設として生まれ変わった。

その旧朝鮮銀行から周囲を見渡すと、中央郵便局はリニューアルされて近代的な建物に代わり、朝鮮貯蓄銀行はSC第一銀行、三越百貨店京城支店は新世界百貨店として、同じ場所で装いを新たに建っている。旧朝鮮銀行の横には、韓国の中央銀行、韓国銀行が建ち、現在もこの地が商業と経済の重要な地であることを物語っている。

そこから通りに沿って歩いていくと、赤レンガの旧ソウル駅が目に入る。どこかで見たような錯覚を覚える人がいるのは、東京駅の丸の内側とその外貌が似ているからだろう。旧ソウル駅は一九二二年六月に着工されたが、建築を担ったのは東京駅を設計した辰野金吾の弟子だったため、似たような姿になったとされる。旧ソウル駅は二〇〇四年の高速鉄道KTX（Korea Train Express）開通によって役目を終え、横に建てら

工事中の崇礼門。中央に、縦書きの「崇礼」の額が見える。

れた新しいソウル駅が利用されている。

旧ソウル駅は二〇一一年八月、約二年間の補修工事を終え、新たに文化施設として整備されてオープンした。新たな文化施設は、旧ソウル駅が韓国の史跡第二八四号に指定されていることにちなみ「文化駅ソウル二八四」と名づけられ、公演や展示などのイベントを行う多目的ホールとして使用されている。再びソウルのメインスポットのひとつとなった。

☸ 崇礼門《スンネムン》（南大門《ナンデムン》）の悲劇

二〇〇八年二月十一日、ソウル駅の近くにあり、韓国の国宝第一号に指定されていた崇礼門（南大門）の周りには、門に向かってクンジョル（最も丁寧なお辞儀、土下座のような姿勢を取る）をする人たちの姿が見られた。「お守りできず申

たくさんの人でにぎわう南大門市場

し訳ありません」「蘇ってください」。

数々の観光ガイド本の表紙を飾り、韓国の代表的な風景として知られた崇礼門だが、前日からの火災で焼け落ち、廃虚となって変わり果てた姿をさらしていた。火災の原因は放火だった。犯人の男性は動機を「(土地補償に関する)陳情を聞き入れなかった盧武鉉《ノムヒョン》大統領のせいだ」としたが、同時に「すべて焼けてしまうとは思わなかった」とも供述。ずさんな防火体制が明らかになり、韓国政府の責任問題に発展した。

城郭国家の南門として、崇礼門が完成したのが一三九八年。崇礼門は城壁に設けられた四門の中で「正門」に位置づけられ、中国から使者が来る際も必ず崇礼門を通って入った。崇礼門は四門のうち最も規模が大きく、花崗岩で下層を築いた上に建つ本体は、天井を張らずに梁や垂木《たるき》などの屋根裏が見える「化粧屋根裏」の構造を持つ。以前は周辺に城壁が続いていたが、道路建設によって破壊されてしまっている。

特徴的なのが「崇礼」の文字が書かれた額（扁額）だ。光化門など、ほかの門が横書きであるのに対し、崇礼門だけは縦に書いてあった。これは、景福宮に対峙するようにそびえる南の冠岳《クァナッ》山《サン》から、風水上の悪影響を避けるための措置だ。冠岳山は火の形をしているとされ、縦に「崇礼」の文字を書くことで炎の燃える様を表し、火気を阻んでいたという。その崇礼門が、あえなく放火で焼け落ちてしまったのは、あまりにも皮肉だった。

崇礼門は、その位置関係から「南大門」とも呼ばれる。ソウルを代表する市場の一つ、南大門市場と隣接しており、日本人観光客も数多く訪れることから、観光名所としてその名前を知る人は多い。南大門市場には、所狭しと衣料品店や食堂、雑貨屋、メガネ屋などが立ち並んでいる。商店の前には「私設両替屋」の老女たちが座り、カバン屋の店員は「完璧な偽物ありますよ」と日本語で話しかけてくる。休日ともなれば人でごった返し、慣れない観光客にとってはスリに要注意な場所でもある。威勢のいい韓国語が飛び交い、底知れないパワーがみなぎっている雰囲気は魅力的だ。

❁「大韓老人同盟団」姜宇奎《カンウギュ》の怒り

旧ソウル駅前広場に建つ姜宇奎の銅像

一方で、崇礼門から程近い旧ソウル駅付近で三・一独立運動の起きた一九一九年の九月、朝鮮総督府として新たに赴任した齋藤實（後の第三十代内閣総理大臣）へ爆弾が投げ付けられる事件が起きたことは、日本人にはあまり知られていない。

爆弾を投げ付けたのは、独立運動家で、当時六十四歳だった姜宇奎だ。姜宇奎は「大韓老人同盟団」のメンバーで、若者たちだけではなく、高齢者らにとっても祖国独立をあきらめることのない理想として掲げていた。それを達成する近道として、姜は「日本の要人を暗殺する積極的な闘争」を考え、実行に移したのだった。九月二日の夕方、姜は齋藤の乗り込んだ車に爆弾を投げた。だが、力及ばずに爆弾は届かずに爆発。齋藤総督は無事だったが、日本人官僚ら三十七人が死傷した。

姜はその場で逮捕され、翌年に西大門《ソデムン》監獄で処刑された。公判で姜は「日本は不意を突き、韓国を兵站とした。これは世界の人道が容赦しないだろう」と述べ、後悔や反省の弁は最後まで述べずに絞首台の露と消えた。この事件は武装闘争の先陣を切り開いたとして韓国内で評価され、朴正熙大統領による軍事政権が成立した翌年の一九六二年、姜宇奎に建国勲章大韓民国章が授与された。

そして、事件から九十二年目の二〇一一年九月二日、旧ソウル駅前の広場に姜の銅像が建立された。高さ四メートル九〇センチと大きく、韓服のコート「トゥルマギ」姿で、そのポーズはまさに爆弾を投げようとしているところだ。除幕式には関係者や高校生ら約千人が集まり、韓国紙の報道によると、主催者は「愛国精神を呼び覚まし、統一祖国を目指す精神的な道標になってほしい」と話していた。日本では「テロリスト」と呼ばれる姜宇奎も、韓国では安重根と同じく、独立運動の義士（義士＝「節義をかたく守る人物」のことを指し、韓国では称号の一つになっている。似たような表現では「烈士」「志士」などがある。）となる。その視点と感覚の違いが、日韓関係の複雑な一面を浮き彫りにしている。

Ⅲ　ソウル中心部②
〜鍾路《チョンノ》を歩く〜

韓国国旗の太極旗《テグッキ》と三一門《サミルムン》

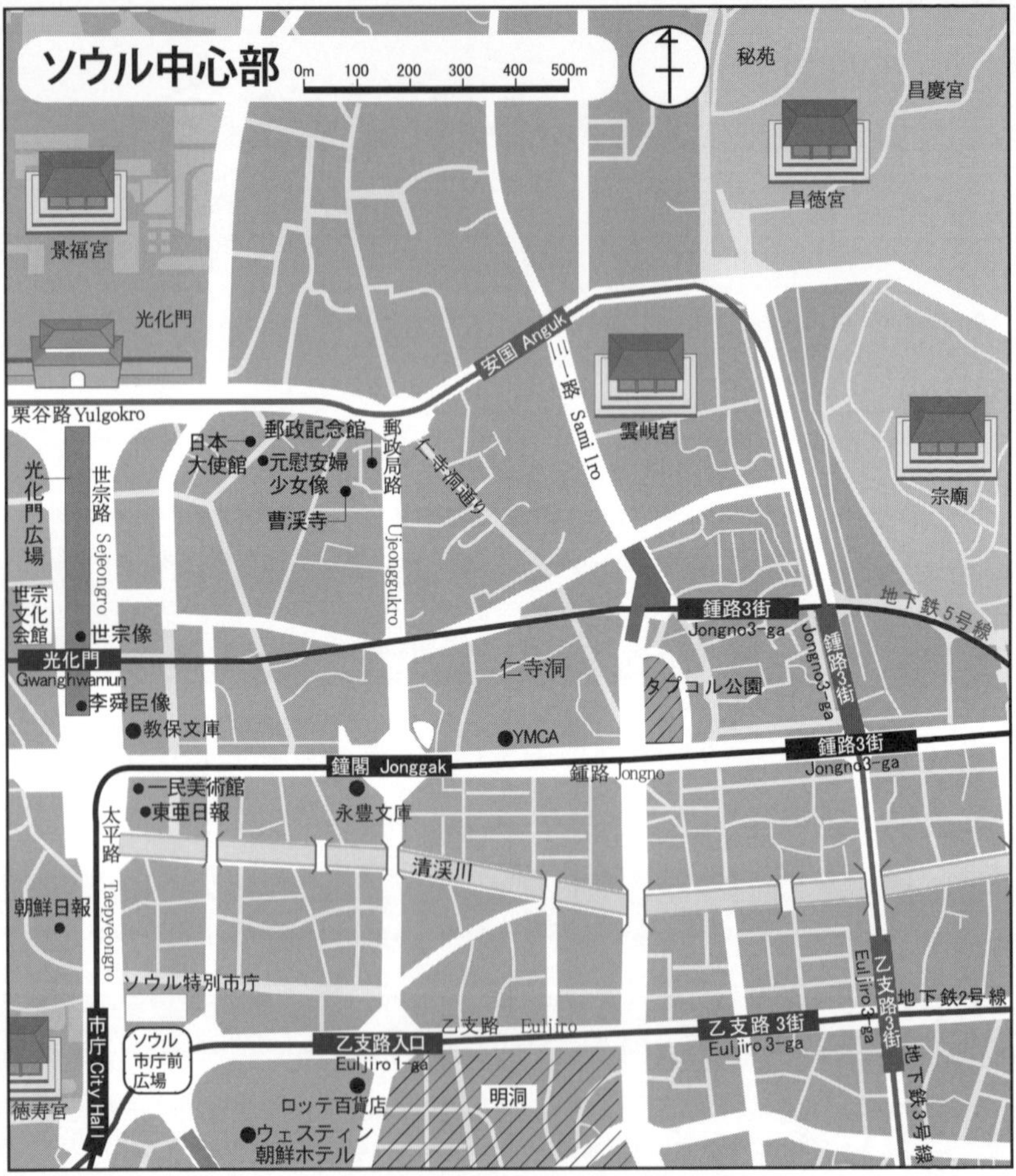
ソウル中心部
0m 100 200 300 400 500m
秘苑
昌慶宮
昌徳宮
景福宮
光化門
安国 Anguk
三一路 Sami Iro
雲峴宮
宗廟
栗谷路 Yulgokro
郵政記念館
日本大使館
元慰安婦少女像
曹渓寺
郵政局路
Ujeongukro
仁寺洞通り
光化門広場
世宗路 Sejeongro
世宗文化会館
世宗像
光化門
Gwanghwamun
李舜臣像
教保文庫
鍾路3街
Jongno3-ga
地下鉄5号線
仁寺洞
タプコル公園
YMCA
鍾閣 Jonggak
鍾路 Jongno
一民美術館
東亜日報
永豊文庫
太平路 Taepyeongro
清渓川
朝鮮日報
ソウル特別市庁
乙支路 Euljiro
乙支路入口
Euljiro 1-ga
乙支路3街
Euljiro 3-ga
地下鉄2号線
地下鉄3号線
市庁 City Hall
ソウル市庁前広場
徳寿宮
ロッテ百貨店
明洞
ウェスティン朝鮮ホテル

（1）日本へ注がれる視線——日本大使館とハルモニたち

景福宮《キョンボックン》から仁寺洞《インサドン》へ向かう途中、大通りを一本奥に入った道に面して、在韓日本大使館の建物がある。周辺にはレジデンスホテルや、韓国のニュース通信社「聯合《ヨンハプ》ニュース」などが建つが、車の通りは多くなく、ソウル中心部ながらも比較的静かな場所だ。

二〇一二年初頭現在、周辺は再開発が進んで新たなビル建設が盛んで、れんが色で五階建ての日本大使館は、一帯ではややこぢんまりとした印象だ。一方で、正面の玄関前には常に警察のバスが数台横付けされていて、二十四時間態勢の警備が実施され、緊張感が漂っている。

日本大使館前は、その時の日韓関係を反映して、さまざまな政治行動の舞台となってきた。一九六五年六月の日韓基本条約締結によって正式な国交が結ばれ、同月末にソウルでの日本大使館設置に至った。当時、釜山《プサン》に置かれた日本総領事館に勤務し、一九七〇年代から一九九〇年代にかけてソウルに駐在した元外交官、町田貢さんは「反日感情やデモの暴徒化など万一の事態を考慮し、大通りに面した場所に建設するのを避けた」と話す。

一九七四年八月、演説中の朴正熙《パクチョンヒ》大統領（当時）が在日韓国人によって狙撃され、夫人の陸《ユク》英修《ヨンス》が流れ弾に当たって死亡した事件（文世光《ムンセグワン》事件）では、激高した韓国人によるデモ隊が連日大使館前に押し寄せ、一部が大使館になだれ込み、屋上に掲げられた日の丸を投げ捨てる事件が起きた。日本政府は、日本大使館の職員に撤収準備を指示したという。

当時、ソウルの日本大使館に勤務していた町田さんは、なだれ込んだデモ参加者と、大使館内で対峙した。「囲まれて突き飛ばされたときは、ここで死ぬのではないかと思ったほどでした。何か事が起これば、すぐに大きな事態になる。当時の日韓関係は、まさに『緊張』という言葉そのままでした」。町田さんの回想からは、現在とは大きく異なる日韓関係の雰囲気が伝わる。

大使館乱入事件の後も、教科書問題や、日韓両国が領有権を主張する竹島（韓国名・独島《トクト》）問題などが起きると、多くのデモ隊が押しかけ、卵を投げ付けるなどの抗議活動を行い、警備の警官隊とにらみ合う場面が数多く見られた。だが、その数も年々減少し、日韓間で政治問題が起きても、過去のように大規模なデモ隊が押し寄せることはなくなった。日本に駐在経験のある韓国人のベテラン外交官は「韓日交流の拡大とともに、政治的な雰囲気も大きく変わった。この何年かの変化だけでも、隔世の感がある」と話す。

そうした中で、一九九二年から在韓日本大使館前で毎週続けられているのが、元従軍慰安婦らによる「水曜集会」だ。

「水曜集会」は、一九九二年一月の宮沢喜一首相（当時）の訪韓を機に、元従軍慰安婦らが日

日本大使館前で行なわれているデモ

本政府からの公式謝罪や補償を求めて始まった。毎週水曜日の正午から元従軍慰安婦と支援者らが集まり、一時間ほどの抗議集会を開催しており、猛暑の夏や極寒の冬でも休むことはない。

二〇一一年十二月一四日には開催回数が千回に達し、これを機に、支援者らが中心となって被害女性を象徴する少女の像を日本大使館前に設置した。像は高さ一・二メートルで、おびえて寂しそうにたたずんでいる少女をイメージしている。日本政府は設置に難色を示し、在韓日本大使館を通じて「日韓関係に悪影響を与える」と設置させないよう韓国政府に求めてきたが、支援者らは設置を強行。韓国政府も、これを黙認する形となった。

韓国政府が黙認した背景には、二〇一一年八月に韓国の憲法裁判所が下したひとつの判断が影響している。憲法裁判所は、韓国政府が慰安婦問題の解決

慰安婦を象徴する少女像を囲む元慰安婦の女性たち
（提供：韓国挺身隊問題対策協議会）

に向けて、具体的な措置をとってこなかったのは「違憲にあたる」と判断したのだ。慰安婦問題は日本側に責任があり、韓国政府が解決すべき問題ではないとの立場をとり、正面から向き合ってこなかったことから、憲法裁判所の判断は「衝撃的なニュース」（韓国政府の関係者）として受け止められた。

　韓国政府は日本に慰安婦問題での協議を提案したが、日本側は「（請求権を放棄した）日韓基本条約で解決済み」と拒否し、この問題をめぐって日韓は平行線をたどっている。水曜集会などで、ハルモニ（おばあさん）たちが求める公式謝罪と補償も、日本政府は同様の理由から拒否したままで、事態が動く見通しは立っていない。

　水曜集会を主催する「韓国挺身《ていしん》隊問題対策協議会」によると、韓国政府が認定した元慰安婦のうち、生存しているのは六十三人（二〇一二年一月現在）。平均年齢も八十歳代後半に達し、その高齢化は深刻だ。少女の像は、ハルモニたちが戦争中に受けた言葉にならない苦しみを伝えるとともに、その存命中に、一日も早い問題解決が必要とのことを訴えているようだ。

水曜集会で日本政府の公式謝罪と補償を求め訴える女性

元慰安婦のハルモニたちのうち、水曜集会に参加しているのは八人。いずれも、ソウル郊外の京畿《キョンギ》道《ド》広州《クァンジュ》市にある「ナヌムの家」（韓国語で「分かち合いの家」という意味）に暮らす。

ナヌムの家は、高齢となった元従軍慰安婦が暮らす福祉施設としての意味合いとともに、そうした歴史を知るための施設として「歴史館」が設置されている。歴史館では、慰安婦問題の全体像を把握するとともに、アジア各地の「慰安所」跡地や「慰安所」の利用規約、慰安婦たちの管理記録などの史料が展示されている。また証言や史料により慰安所内部を再現した実寸大模型も設置されている。このほか、元従軍慰安婦の証言や絵の展示などがあり、いずれも当事者たちの苦しみが伝わってくるものばかりだ。

慰安婦問題をめぐる、日韓両政府の政治的な解釈に対し、さまざまな意見や見解があるのは当然だろう。だが、そのような政治的見解とは別に、実際に被害に遭ったハルモニたちの声を聞くことは、非常に大きな意味がある。日韓関係に少しでも関心のある人は、こうしたハルモニたちの姿をぜひ、実際に見てほしい。

ソウル市内からナヌムの家に行くには、地下鉄2号線江辺駅《カンビョン》にまず向かう。一番出口から駅を背に左側に歩くと横断歩道があり、そこを渡ると公園と屋台の集まっている場所がある。そこにバス停があり「1113」または「1113―1」と書かれた赤いバスに乗車。約五十分で広州市内に着くので「パラダイスアパート」（韓国語の発音では「パラダイスアパトゥ」）で下車する。以前は広州市庁舎で下車していたが、市庁舎は二〇〇九年に移転しており、現在は「パラダイスアパート」に停留所名が変更しているので、注意が必要だ。

そこからタクシーに乗り、十五分ほどで着く。タクシーの運転手には「ナヌムの家まで（ナヌメジップカジ）」と言えば伝わる。

（2）甲申政変《こうしんせいへん》の痕跡を訪ねる――郵政記念館

ソウル中心部の王宮、景福宮から歩いて五、六分。多くの観光客でにぎわう仁寺洞《インサドン》から一本手前に位置する通りがある。「郵政局路《ウジョングクノ》」の標識が掲げられ、その道を少し入ると瓦屋根の小さな建物が見えてくる。日本政府が植民地の韓国で開化政策をとる中、郵便制度が導入され、中央官庁としてつくられた「郵政局」の跡だ。現在は「郵政記念館」と名前を変え、韓国郵便事業の発祥の地として、切手など郵便関係の資料が展示されている。

ここは、一八八四年十二月四日、朝鮮の近代化を進めようとする急進開花派の金玉均《キムオクギュン》や朴泳孝《パクヨンヒョ》らが起こしたクーデター「甲申政変」の現場でもある。この日、郵政局の落成記念式が行われるため、政府要人らが多数集まった。そこを狙ってクーデターが実行されたのだった。

一八七六年の日本との修好条規締結後、韓国では日本と清国へ使節や視察団、留学生などを派遣するようになる。そうした中、国外を見聞し、韓国の社会改革が必要と主張する「開化派」が現れた。開化派の中では、清との関係を維持しつつ近代化を行おうとする者と、清国に従うのではなく日本の明治維新を手本に近代化を行おうとする者とに分かれた。日本での視察経験がある金玉均が中心となった後者は独立党と呼ばれる。

このクーデターの二年前に、実は「壬午軍乱」と呼ばれるひとつの事件があった。日本が列強と結ばされた不平等条約にも劣らず、日本の朝鮮での特権を認めた日朝修好条規締結の後、日本は朝鮮国内で勢力を伸ばしていく。一方、朝鮮政府は近代化の一環として、軍の一部に洋式の

「別抜軍」を設置し、特別の訓練を施す。反面、劣悪な条件下に置かれたままの兵士たちに支給された給与がわりの米の中に、不正をはたらいた役人によって砂礫が混入していたことから、兵士たちの反乱が起こった。その兵士たちに一部民衆も加わり、王宮に押し入って、政権をにぎっていた明成皇后《ミョンソン》を中心とする閔氏一族の重臣たちを襲って殺害すると同時に、日本公使館を襲撃した。花房公使以下公使館員は自ら公使館に火を放って仁川《インチョン》へと避難した。

この反乱の背後にいたのが、国王・高宗《コジョン》の実父であり、閔氏一族の政敵だった大院君《テウォングン》だった。反乱により、このあと大院君は一時政権をとるが、ほどなく進駐してきた清国軍に捕らえられ、清国に連行されたため、再び閔氏一族が政権の座についた。このあと清国は朝鮮への介入を強め、朝鮮の「属邦」化をすすめようとした。それに危機感を抱いた独立党は清国に頼る一派を追い出すため、壬午軍乱の後、ソウルに駐屯していた日本軍の力を借りて政変を起こし、改革政府を立てようとした。そのため一八八四年一二月四日に引き起こしたのが、郵政局でのクーデターだったのである。

郵政局落成記念の晩さん会が始まると同時に、隣家に火が放たれ、これを合図に刺客が会場内に乱入、政敵の殺害を図った。国王はクーデター発生を名目に日本に保護を依頼。日本は軍を派遣して国王を保護し、その後独立党が新政権を発足させ、日本の力を得て近代国家への道を突き進む、というのが描かれたストーリーだった。

甲申政変の現場となったかつての郵政局。現在は郵政記念館として公開されている。

この計画には、竹添進一郎公使など日本側も協力した。クーデターの当日、予定していた放火や要人暗殺には失敗。その直後に閔泳翊《ミンヨンイク》ら閔氏一族を殺傷し、独立党が新政府樹立を宣言した。閔泳翊は奇跡的に一命を取り留めたが、その後上海に亡命した。リーダーの金玉均は、首相にあたる「領議政《ヨンイジョン》」に大院君の親戚の一人の李載元《イジェウォン》を置き、自らを大蔵大臣とするなど政府の要職を独立党が占め、急進開化派政権が誕生した。

新内閣は国王の稟議を経て、すぐに「清に対して朝貢の礼を廃止する」「内閣を廃し、税制を改め、宦官の制を廃する」「宮内省を新設して、王室内の行事に透明性を持たせる」といった十四項目の政策を発表する。こうした政策の根底にある思想は、特権階級の両班《ヤンバン》や儒教中心の政治社会秩序を打破し、独立国家として人々の平等と自由を実現した富国強兵社会をつくりあげることだった。

しかし、ほどなくして清国が軍を派遣し、王宮を守る日本軍を攻撃。日本軍は敗退し、親清国派の守旧派が臨時政権を樹立した。独立党による新政権はわずか三日で崩壊した。独立党の中心人物は捕らえられ、三親等までの家族も含めて処刑された。リーダーの金玉均は日本に亡命し、その後に上海に渡ったところで閔氏一族の刺客に暗殺された。遺体は朝鮮半島に運ばれた後、五体を引き裂かれて各地に分割して晒されたという。こうした事態の成り行きに、金玉均ら独立党を支えてきた福澤諭吉は深く失望し、その後は朝鮮に対する蔑視、侵略を主張していくことになる（安川寿之輔『福沢諭吉のアジア認識』高文研参照）。

（3）李垠《イウン》と李方子《イパンジャ》の一生——昌徳宮《チャンドックン》と楽善齋《ナクソンジェ》

朝鮮王朝時代、ソウルにあった五つの宮殿の一つが「昌徳宮」だ。入り口には、韓国最古の大門の一つである敦化門《トンファムン》がそびえる。昌徳宮は景福宮の離宮として建てられた。しかし、豊臣秀吉による朝鮮侵略の「文禄・慶長の役」で、景福宮とともにすべての宮殿が焼失。一六一五年に第十五代王・光海君《クァンヘグン》が再建し、景福宮が再建されるまでの約二百七十年間、正宮としての役目を果たした。昌徳宮の正殿である仁政殿《インジョンジョン》があり、その奥には日本の植民地時代に景福宮から移され

昌徳宮の正門・敦化門。世界遺産にも登録されている。

た熙政堂《ヒジョンダン》と大造殿がある。そのさらに奥にある約二万七千平方メートルの広大な敷地の庭園「秘《ピ》苑《ウォン》」（植民地時代の前は「北苑」と呼ばれた）は、韓国式庭園の代表と言われる。ほかの多くの王宮が戦火や日本の植民地支配で本来の姿を失ったが、昌徳宮は保存状態がよく、朝鮮時代の雰囲気や生活様式を色濃く残している。自然との調和のとれた庭園の美しさなどから、一九九七年にはユネスコ（国連教育科学文化機関）の世界遺産にも登録されている。

　昌徳宮に入り、仁政殿から奥に進むと、楽善斎という建物がある。朝鮮王朝二十四代国王の憲《ホン》宗《ジョン》が建てたもので、王の死後は妃が住んだために、それからは王妃の住居として使われることになった。だが、その名を日韓両国の人々に知らしめしているのは、日本から韓国王室に嫁いだ李方子の存在による。白木造りの落ち着いた雰囲気が漂う建物で、方子はその晩年を過ごした。楽善齋は一般に公開されていないが、脇道からその外観の一部をのぞきみることができる。

☸李方子と「二つの祖国」

李方子は一九〇一年十一月四日、日本の皇族梨本宮守正王《なしもとのみやもりまさ》と伊都子《いつこ》妃の第一女子として生まれた。日本名は梨本宮方子《まさこ》。昭和天皇と同い年で、その皇太子の時代に妃候補の有力な一人に挙げられていた。だが、女子学習院に在籍していた十五歳の時、朝鮮王朝最後の皇太子である李垠(英親王)との婚約が発表される。方子は、避暑のために訪れていた別荘で何気なく新聞を開いたところ、報道で自らの婚約を知り、大きなショックを受けたという。

朝鮮の王室と日本の皇室が結婚したのは、韓国併合による「内鮮一体」を目的とする政略結婚だった。一九〇七年、ハーグ特使事件で高宗が韓国統監の伊藤博文によって退位させられ、純宗《スンジョン》が即位して、その子の垠が皇太子になった。その直後、十一歳だった垠は伊藤博文によって日本へ「留学」させられる。日本側は「留学」と称しても、朝鮮からは「人質」としか映らなかっただろう。垠はその後、日本で学習院を経て、陸軍士官学校へと進み、陸軍中将になる。幼い時に日本に渡り「日本人」として生きることを強いられた人生。父の高宗からの「どんなことがあっても、それを表に出さず、時節がくるまで耐え抜くように」という教えを守り、常に日本に監視

李方子（左）と李垠（右）

されている中で、日本の軍服を着、誰が見ても日本の理想の皇族のようにふるまったという。

解放から十八年が経った一九六三年十一月、李垠は一市民として帰国を果たす。五十六年ぶりの帰国だった。二人は一九一九年一月二十五日に婚礼の予定だったが、直前に高宗が脳溢血のため死去する。これには日本側の陰謀による毒殺説が流れた。三・一独立運動が起きたのは葬儀の二日前で、毒殺説の流布が決起の一因ともされている。このため婚礼は一年後の四月二十八日に延期された。

日本で生活を送っていた二人は、結婚の翌年に第一子の普《プ》をもうける。二人は一九二二年に結婚後の挨拶もかねて朝鮮を訪れ、李王朝の儀式に臨んだが、帰国前に普が消化不良を起こして死亡する悲劇に見舞われる。これにも日本側による毒殺説がある。第二子が誕生するのは一九三一年になってからのことだった。

日本の敗戦による朝鮮領有権喪失と日本国憲法施行に伴い、垠と方子夫妻は王族の身分と日本国籍を喪失して在日韓国人となった。家や資産を売却しながら、細々と生活を送っ

李方子が晩年を過ごしたことで知られる楽善齋

ていた。成長した第二子の玖《ク》は、米国に留学してそのまま永住し、両親にとっては時折届くエアメールを読むのが楽しみだったという。

苦しい生活を送っていた二人に転機が訪れたのは、反日を掲げた李承晩《イスンマン》政権が倒れ、一九六一年に来日した朴正熙《パクチョンヒ》（当時は国家再建最高会議議長）と面会したことだった。皇室ジャーナリストの渡辺みどりによる『日韓皇室秘話　李方子妃』（中央公論新社）には、当時の様子がこう記されている。

「『韓国政府がすべき当然のことです。どうか安らかな気持ちでご帰国ください。国籍問題も経済問題も全て解決していますよ』」

運命というものは分からないものである。全州李氏を名乗り、李王家の親戚に当たる李承晩大統領は、垠と方子を冷遇し続けた。そして、李王朝とは親戚でも何でもない若い軍人の実力者が垠と方子に救いの手を差し伸べてくれたのだ」

その言葉どおり、朴正煕が大統領になった後の一九六三年、二人は帰国を果たす。生活費などは韓国政府が支給し、一九六九年には楽善齋に住居を移した。

一九七〇年五月に垠は七十二歳の生涯を閉じる。その後、方子は知的障害や肢体不自由の子どもたちを対象にした障害児教育に力を注ぐ。当時の韓国では障害児教育に対する社会的な認識は低く、方子は趣味でもあった七宝焼の特技を生かして作品を販売したり、李氏朝鮮の宮中衣装を持って各国で王朝衣装ショーを開催するなどして資金を集め、知的障害児施設の「明暉園」と知的障害養護学校である「慈恵学校」を設立した。そうした功績が認められ、一九八一年には韓国政府から「牡丹勲章」が贈られた。また、終戦の混乱の中、韓国に残った日本人妻たちによる「芙蓉会」の初代名誉会長をするなど、日韓の架け橋として努力を続け、一九八九年四月に八十八歳で逝去した。

日本と朝鮮半島の近現代史に揺さぶられ続けた方子の人生。だが、渡辺の著作には方子のこうした言葉が記されている。

「私の祖国は二つあります。一つは生まれ育った国、そしてもう一つは私が骨を埋める国です」

（4）独立運動発祥の地——タプコル公園とレリーフ

❁タプコル公園までの道

光化門からまっすぐに延びる世宗路《セジョンノ》を歩くと、大きな交差点にぶつかる。ここを左折すると鍾路《チョンノ》だ。朝鮮王朝時代から商人の街として知られた鍾路だが、通りを歩くと、韓国最大級の書店「教保文庫」の入るビルのほか、衣料品や貴金属の店、食堂などがずらりと並んでいる。若者たちが多く集まり、夜になっても活気のあふれる場所だ。

通りを一本裏に入ると、マッコリ（にごり酒）を出す居酒屋や、焼き魚の定食屋がひしめく。再開発の波によってどんどんその裏通りは姿を消しているが、以前はどじょう汁や、ヘジャンクという牛の血の塊が入った汁を売る店が多く集まっていた。

こうした店は、多くが表通りに面せず建物をはさんだ裏道に並んでおり、その裏道は「ピマッコル」と呼ばれた。ピマッコルは、幅二メートルほどの東西に延びる小道。名前の由来は「避《ピ》馬《マ》」（馬を避ける）だ。「コル」は「歩く」を意味する。朝鮮王朝時代、馬に乗った高官が大通りに来ると、庶民はひれ伏さなければならなかった。人々がそれを嫌って、一本奥に入った路地を

鐘路のシンボル的存在となっている普信閣

往来するようになったことから名づけられたとされる。権力者を嫌う庶民の風刺が効いたピマッコルが、再開発の名の下に姿を消し、ガラス張りのビルばかりが立ち並んでいるのは、なんとも寂しい限りだ。

衣料品店や食堂が建ち並ぶエリアの手前にある交差点には、「普信閣《ポシンガッ》」と呼ばれる鐘楼が建つ。一四六七年に作られた普信閣には青銅製の鐘が吊され、朝鮮王朝時代には毎日午前四時と午後十時に鳴らされていた。城郭都市だったソウルの東西南北にある大門の開閉を知らせる合図として使われたのだった。

普信閣は、現在よりやや東の場所にあったのだが、日本の植民地時代に現在の場所に移転。四度もの火災に見舞われたうえ、朝鮮戦争でも大きく破損し、何度も再建工事が繰り返されてきた。現在の普信閣は一九七九年八月にソウル市によって復元されたもので、正面五間、側面四間、二階建ての楼閣となっている。普信閣前の広場はソウル市民たちの待ち合わせ場所としてよく使われており、のどかな雰囲気の場所だが、大晦日には多くの人が集まり鐘を突くイベントが行われる。花火も打ち上げられ、人の波で身動きが取れないほどのにぎわいようで、新年を迎えると盛り上がりは最高潮に達する。旧正月を祝う習慣が根強い韓国だが、お祭り気分で新年を迎えようとする気持ちは、日本や各国と変わらない。

❁タプコル公園の現在

普信閣から東へ徒歩約十分。みやげ物屋や美術品、骨董品などを売る店が軒を連ね、日本人をはじめとする観光客が数多く訪れるストリート、仁寺洞《インサドン》にぶつかる。そのすぐ隣にあるのが「タプコル公園」だ。タプコル公園は、朝鮮王朝が「大韓帝国」に名称を変更した一八九七年、政府の総税務司だった英国人、J．M．ブラウンによって設計された、朝鮮で初めての都市型公園だ。敷地は、一四六七年に作られた圓覚寺の境内跡で、当時作成された十層石塔（国宝第二号に指定）がガラスのケースに覆われて保存されている。十層石塔があることから、以前は「パゴダ（英語で「東洋の塔」を意味する）公園」と呼ばれたが、一九九一年に韓国語を用いた「塔洞《タプコル》公園」と正式名称が変更された。

タプコル公園の入口にある三一門

ここが韓国人にとって重要な場所とされているのは、植民地時代の一九一九年三月一日、日本からの独立を求めた「三・一独立運動」（「独立万歳運動」や「万歳事件」とも言われる）の発端の地となったためだ。

韓国では三月一日が「三一節《サミルチョル》」とされ、国民の休日となっている。「サミルムン（三一門）」とハングルで書かれた門を入ると、真正面に天道教第三代教主、孫秉熙《ソンビョンヒ》の銅像が建っている。さらに、門から入って右側を見ると、ハングルの文章が彫られた石碑がある。朝鮮半島発祥の宗教で、儒教や仏教、民間信仰などを融合させた「天道教」（十五人）とキリスト教（十六人）、仏教（二人）の指導者三十三人が集まり、読み上げた「独立宣言」の原文だ。署名者として名前が記された三十三人のうち、孫秉熙はその筆

ガラスケースに入ったタプコル（十層石塔）

頭にあたる。この三十三人は、韓国では「民族代表」として、その名を知られている。

民族代表の三十三人は独立宣言を読み上げる当日、仁寺洞の料亭「明月館支店泰和館」で宣言を朗読。祝杯を挙げた後に自ら警察に電話をして逮捕されている。独立宣言は、学生代表がタプコル公園で正午にあわせて朗読した。学生たちによって極秘裏に印刷された独立宣言書が人々の手に渡り、タプコル公園には多くの人が詰めかけていたという。朗読が終わると、あちこちから「大韓独立万歳《テハントンニップマンセー》！」の声が上がり、太極旗《テグッキ》を持った人々の群が、次々と隊列を組んで公園からなだれをうって出ていったという。

現在のタプコル公園は、三月一日や八月十五日（日本の植民地支配からの解放を祝う「光復節」）といった特別な日をのぞけば、老人（ほぼ男性）たちの憩いの場所となっている。周辺にはクッ

タプコル公園で開かれる8．15集会

パ（汁ご飯）などを出す極めて安価な食堂が点在し、昼間でも赤ら顔で仲間とのおしゃべりに熱中する人も見かける。靴や雑貨などを売る露天商もおり、独特のディープな雰囲気を醸し出している場所でもある。

一九九〇年代ごろまでは、日本人がタプコル公園を訪れると、こうした老人（当時は中年または初老）たちからの「歓迎」を受けた。どこからともなく現れて「日本人か」と声をかけると、独立宣言を読み上げながら、その精神と意味を説き始める。そうしていると、またどこからともなく別の老人が現れ、植民地時代の記憶から日本批判をはじめる。いたたまれない気持ちで日本人が話を聞いていると、さらに別の老人が姿を見せ、日本批判する老人を「失礼なことをするな」と制止し、そこで三者入り交じっての内輪もめが始まる。こんな光景が多く見られた。日本人にとっては決して「行きやすい場所」ではなく、まして観光地とのイメージには遠かった。

だが、現在はそうした経験をすることはほとんどない。以前にそうした経験をしたことがある日本人が「今となっては懐かしいですね」と、目を細めてしまうほどだ。三月一日などには公園内で行事が開かれるが、集まるのはほとんどが初老以上の人たちだ。光復節を祝う行事で、たまたま公園内を通りかかった女子高校生二人が、半ば強引に参加者の老人から太極旗《テグッキ》を渡され、困惑していたのが印象的だった。日本と同じく、韓国も植民地時代の記憶は、当時を知る人たちの高齢化とともに次第に薄れていき、それとともにタプコル公園の風景や雰囲気も変化している。

❁独立宣言の理念と行動の広がり

独立宣言は、次のような文章から始まっている。

「われわれはここにわが朝鮮国が独立国であること、および朝鮮人が自由民であることを宣言する。これをもって世界万邦に告げ、人類平等の大義を明らかにし、これをもって子孫万代に教え、民族自存の正当なる権利を永遠に有せしむるものである。五千年の歴史の権利によってこれを宣言し、二千万民衆の忠誠を合わせてこれを明らかにし、民族の変わることのない自由の発展のためにこれを主張し、人類の良心の発露にもとづいた世界改造の大機運に順応し、並進させるためにこれを提起するものである」

タイトルに、そして冒頭の一文に明確に述べられているように、この宣言書は何よりも朝鮮が独立した国家であること、及びその国民である朝鮮人民が自由民であることに重きを置いている。そのための軸となる価値観として示されているのが「平等」と「民族自決」の精神だった。朝鮮民族による国家が発展するためには、独立が不可欠であること。そのためには日本による支配の押しつけを一掃することが急務であり、朝鮮の独立によって日本との間に正しい友好関係を樹立することなどが記されている。

独立宣言は、その全編が日本人に向けて朝鮮の独立を認めるように説得していることが特徴だ。しかし、文章からは「戦闘性」はうかがえず、徹底した非暴力主義が貫かれている。日本に独立を宣言しながらも、その日本と真の友好関係を結ぼうとしているところは、非暴力主義の理念が最大限に生かされているといえる。

一部には、こうした宣言の内容に「抽象的だ」「指針が示されていない」などとの批判も出されている。だが、改めて独立宣言を読み返すと、そうした批判よりも、圧政から独立を求める人たちの格調の高さが伝わってくる。

だが、日本はこの宣言の趣旨を理解せず、徹底的に拒否して弾圧する方法を選んだ。和田春樹氏の『これだけは知っておきたい日本と朝鮮の一〇〇年史』（平凡社新書）によると、独立宣言の内容は日本には伝えられず、ある程度広く読めるようになったのは約三十年が経過した一九四八年、歴史学者の石母田正《いしもだただし》が「堅氷をわるもの─朝鮮独立運動万歳事件の話」という文章の付録として、全文を発表してからだという。また、宣言が広く知られるようになったのは、一九七〇年代に入ってからだとも指摘されている。

一九一九年三月一日、タプコル公園に集まっていた数千人の学生たちは、この独立宣言を聞くと、市内をデモ行進した。道々で「独立万歳《トンニップマンセー》」を叫ぶ姿に触発された市民たちが加わり、デモは数万人の規模になったとされる。独立を求める人の波はソウルから次々と飛び火し、朝鮮半島全体に拡大していく。参加者も学生たちだけでなく、農民や労働者、商人、主婦に及び、まさに老若男女を問わない形となった。また、同盟休校や集団サボタージュ、閉店などの形で抵抗の意志を示す人たちもいた。

三月から五月までの間に繰り広げられた独立運動では、集会が約千五百回開かれ、二百万人以上が参加した。全国二百十八郡のうち、実に二百十一郡で集会が開かれたという。こうした運動の広がりとともに、独立宣言が非暴力主義を掲げていたにもかかわらず、警察署や役場などへの襲撃や、放火、破壊行為なども行われるようになった。

こうした状況に対し、朝鮮総督府は軍隊を出動させ、武力をもって激しく弾圧した。どのくらいの犠牲者が出たのかははっきりした記録がなく、さまざまな見地によって数に違いがある。当

タプコル公園の独立宣言を記した石碑

時上海に亡命していた朴殷植《パクウンシク》が『韓国独立運動之血史』の中で、伝聞として記した数字では、死者七五〇九人、負傷者一万五千八百四十九人、逮捕者四万六千三百三人、放火された家屋七百十五戸、放火された教会四十七、放火された学校二としている。

タプコル公園で、独立宣言を記した石碑からさらに奥へ入っていくと、土塀沿いに二メートルほどの高さのレリーフ十枚が並んでいる。それぞれ、朝鮮半島の九道と済州島《チェジュド》で行われた独立運動の姿を描いたものだ。これを見ると、独立運動に男女を問わず、さまざまな社会階層の人たちが参加したことがわかる。それぞれのレリーフに書かれた説明文の内容は次の通りだ。説明文は韓国語しかなく、判読が難しい場合もあるので参考にしてほしい。

①ソウルでの独立宣言朗読
一九一九年三月一日午後二時、ソウルのタプコル公園では数千人の学生が、チョン・チェヨンの独立宣言朗読が終わった後、大韓独立万歳を叫びながら往来に飛び出した。ソウルは瞬時に感激と興奮のるつぼと化し、そのまま波のように全国へと広がっていった。

②咸鏡道（ハムギョンド）咸興（ハムン）郡
一九一九年三月二日、咸鏡道咸興の民衆は歴史ある万歳橋を走りつつ、独立万歳を叫んだ。倭警（日本の警察）の銃剣が向けられれば向けられるほど万歳の声は高くなり、中でもチョ・ヨンシンという少年の口を銃剣が破った時は万歳の声が天地を揺るがした。

③平安南道（ピョンアンナムド）平壌（ピョンヤン）
一九一九年三月一日正午、平壌キリスト教信者は銃声が響くと礼拝堂に集まった。高宗皇帝の追悼式を終え、続いて街に飛び出し、天道教徒と一緒になって、倭警の銃剣の下でも太極旗を掲げて万歳の示威を行った。

④黄海道（ファンヘド）海州（ヘジュ）
一九一九年三月十日正午、黄海道海州ではムン・ウォルソンなどのキーセン（外国の使者や高官の歓待や、宮内行事で歌曲などを披露する女性。娼婦を兼ねたこともあった）が先頭に立って示威運動を行った。残酷な騎馬警察官が民衆を容赦なく踏み付け、女性の髪の毛を馬の尾に結んで引きずり回したが、彼女らは少しも屈することがなかった。

⑤江原道（カンウォンド）鉄原（チョロン）郡
一九一九年三月十日、江原道鉄原の民衆は学生を先頭に、太極旗を持って街頭に出て独立万歳を叫んだ。残虐な倭警は銃を無差別に撃ち、刀を振り回したが、民衆は死を覚悟して前進した。

⑥京畿道（キョンギド）水原（スウォン）
一九一九年四月十五日午後、日本軍一個小隊が堤岩里（チェアムリ）に来て、キリスト教徒と天道教徒（カトリック教徒）を教会堂に押し込み、銃を乱射し、火を付けた。逃げようと出てきた婦人を剣で残酷に殺し、窓から出された子どもさえ殺した。

⑦忠清南道（チュンチョンナムド）天安（チョナン）
一九一九年三月一日（陰暦）、天安郡並川市場で数千名の群集が独立宣言とともに万歳を叫んだ。首謀者ら二十人余りがその場で惨殺され、柳寛順（ユ・グァンスン）女史は逮捕されて監獄に送られ、ひどい拷問に抵抗したが、ついに獄死した。

⑧慶尚南道（キョンサンナムド）晋州（チンジュ）
一九一九年三月二十三日、慶尚南道晋州ではキーセン数百人が万歳を叫びながら南江の川岸を行進した。日本の警察と憲兵が銃剣で刺そうとしたが、彼女らは声高く叫び、我々はノンゲ（豊臣秀吉による朝鮮侵略、壬辰倭乱のとき、日本人の大将を道連れに南江に身を投げた朝鮮人女性※筆者注）の後身だといって愛国歌を歌いながら行進した。

⑨全羅北道（チョルラプクド）南原（ナムウォン）
一九一九年四月十三日、南原でおこった事件がある。数千人の郡民が秩序正しく万歳を叫んでいると、十人余りが警察の銃剣で倒された。その妻や母親がとんできて、そこで自決し、独立を成し遂げなさいと言い残して息絶えた。

⑩済州島（チェジュド）
一九一九年三月二十三日、遙かに遠い済州島でも男女の群衆と学生が一緒に立ち上がって万歳を叫んだ。漢拏山（ハルラサン）の精気を受けた彼らは、素手で飛び出し、日本警察の銃剣とも戦い、血を流しながらも行進を続け、一人も屈することがなかった。

☸独立運動と高宗《コジョン》毒殺説

一九一〇年に韓国を併合して以降、日本は独立に関する運動に徹底して弾圧を加えてきた。逆に言えば、それだけ朝鮮人から併合への抵抗が激しかった。そうした中で起きた国際情勢の変化が、独立運動を起こす下地となった。その一つが、一九一七年のロシア革命だ。レーニンの革命政府は「平和に関する布告」の中で「民族自決」に言及。さらに一九一八年一月には、米国大統領ウッドロウ・ウィルソンが「十四か条の平和原則」を発表し、民族の自決や自治、独立の考えをはっきりと打ち出した。こうした動きは、朝鮮の独立運動家にも大きな影響を与えた。

そうした中で一つの「事件」が起こる。清国と日本のはざまで何とか独立を保持しようと苦闘し続けてきた高宗が、突然死亡したのだ。高宗は一九〇七年の「ハーグ平和会議」に朝鮮の独立を訴える特使を派遣した（ハーグ特使事件）ことから、韓国統監の伊藤博文によって退位させられていた。徳寿宮に幽閉させられていた高宗の死因を、朝鮮総督府は「脳溢血」と発表した。

高宗

しかし、人々の間には他殺説や自殺説が飛び交った。一九一九年、第一次世界大戦の戦後処理のために開かれたヴェルサイユ講和会議に、再び高宗が特使を送ろうとし、それを阻止しようと日本側に殺されたのではないかといった憶測も出されていた。また、皇太子の李垠と方子の結婚式を三日後に控え、朝鮮の王族は結婚式のため東京に出向いていた中での死でもあった。方子も後年、著書の中で伝聞として、高宗の死因が毒殺だったと記している。

結婚式は延期され、かわりに葬儀が三月三日に行われることになった。そのため、全国から弔問の人たちがソウルに集まってきた。そうした状況の中、東京で「独立宣言書」が発表される。一九一九年三月一日に先立つ二月八日、日本に留学中の約六百人の朝鮮人学生たちが東京府東京市神田区（当時）の朝鮮基督教青年会館（現・在日韓国ＹＭＣＡ）に集まり、二千万民族を代表して「わが独立を期成せんことを宣言する」との宣言（二・八宣言）を朗読した。

警察によって集会は解散させられ、首謀者は逮捕されたが、そのニュースはソウルに伝わり、大きな影響を与えた。参加した学生が朝鮮に戻り、宣言書を示すと、多くの独立運動家たちは「自分たちもやらねば」と刺激を受けた。天道教、キリスト教、仏教の連合体ができ、多くの人たちがソウルに集まる葬儀の日に、新たな独立宣言を発表しようということになった。だが、当日は警察の警戒も強いだろうと判断し、三月一日に決行日が定められた。

❁独立宣言の全文

独立宣言は日本側に黙殺され、起草者の中には、日本側に近づくことで活路を見出そうとし、後年に「親日派」の烙印を押された人もいる。だが、植民地支配の圧政を受けていた時代に、非暴力の思想で独立を成し遂げようとした宣言の歴史的意義は大きい。それをより知るためにも、長文ではあるが、宣言の全文を紹介しておきたい。

〈宣言書〉

われわれはここにわが朝鮮国が独立国であること、および朝鮮人が自由民であることを宣言する。これをもって世界万邦に告げ、人類平等の大義を明らかにし、これをもって子孫万代に教え、民族自存の正当なる権利を永遠に有するものである。

五千年の歴史の権威を杖としてこれを宣言し、二千万民衆の忠誠を合わせてこれを明らかにし、民族の恒久一筋の自由の発展のためにこれを主張し、人類の良心の発露にもとづいた世界改造の大機運に順応し、並進させるためにこれを提起するものである。これは天の明命、時代の大勢、全人類の共存同生の権利の正当な発動である。天下の何ものといえどもこれを抑制することはできない。

旧時代の遺物である侵略主義、強権主義の犠牲となって、有史以来幾千年を重ね、はじめて異民族による箝制《かんせい》（自由を奪うこと）の痛苦を嘗めてからここに十年が過ぎた。彼らはわが生存の権利をどれほど剥奪したであろうか。精神上の発展にどれほど障害となったであろうか。民族の尊厳と栄光をどれほど毀損したであろうか。新鋭と独創によって世界文化の大潮流に寄与、裨補《ひほ》（助け補うこと）できる機縁をわれらはどれほど遺失したであろうか。

ああ、旧来の抑鬱を宣揚せんとすれば、時下の苦痛を取り去ろうとすれば、将来の脅威を取り除こうとすれば、民族的良心と国家の面目を轟かせて伸長しようとすれば、各個人の人格の正当な発達を遂げようとすれば、憐れむべき子弟たちに苦しく、恥ずべき財産を遺さないようにしようとすれば、子々孫々永久、完全な慶福を手にしようとするのならば、その最大急務は民族の独立を確実なものにすることにある。二千万人民のそれぞれが心中の刃を胸に、人類共通の道理と時代の良心が、正義の軍と人道という武器をもって援護する今日、われわれが進んで行動すればどんな強権でも挫けないものはない。退いて事をなそうとすれば、どんな志も伸ばすことはできない。

丙子修好条規（注：日朝修好条規）以来、種々の金石の盟約を偽ったとして、日本の背信を咎めようとするものではない。学者は講壇で、政治家は実際において、わが祖宗の業績を植民地的なものとみなし、わが文化民族を野蛮人なみに遇し、もっぱら征服者の快楽を貪っているだけであり、わが久遠の社会の基礎と卓越した民族の心理とを無視したとして、日本の思慮のなさを責めようとするものではない。

自己をむちうち、励ますのに急なわれわれには、他人を恨み咎める暇はないのだ。今日われわれがなさねばならないことは、ただ自己の建設だけである。決して他を破壊するものではない。決して旧怨および厳粛な良心の命令によって自分自身の新運命を開拓しようとするものである。決して旧怨および一時的な感情によって他を嫉逐、排斥するものではない。旧思想、旧勢力に束縛され日本の為政者の功名心の犠牲となっている、不自然でまた不合理な錯誤状態を改め直して、自然でまた合理的な道に帰そうとするものである。当初から民族的な要求として出されたものではない両国併合の結果が、つまるところ、姑息的威圧と差別的不平等と統計数字上の虚飾のもとで、利害相反する両民族間に永遠に和合することのできない怨恨の溝を、ますます深くさせている今日までの実績をみよ。勇明、果敢をもって旧来の誤りを正し、真正なる理解と同情とを基本とする友好の新局面を打開することが、彼我の間に禍いを遠ざけ、祝福をもたらす近道であることを明確に知るべきではないか。憤りを含み、怨みを抱いている二千万の民を、威力をもって拘束することは、ただ東洋永遠の平和を保障するわけではないだけでなく、これによって、東洋安危の主軸である四億の中国人民の日本に対する危惧と猜疑とをますます濃厚にさせ、その結果として東洋全局の共倒れ、同時に滅亡の悲運を招くであろうことは明らかである。今日わが朝鮮の独立は朝鮮人をして正当なる生活の繁栄を遂げさせると同時に、日本をして邪道より出でて東洋を支える者としての重責を全うさせるものであり、中国をして夢寐《むび》（眠っている間のこと）にも忘れえない不安や恐怖から脱出させるものである。また東洋の平和を重要な一部とする世界の平和、人類の幸福に必要なる階梯となさしめるものである。これがどうしてささいな感情の問題であろうか。

ああ、新天地は眼前に展開せられた。威力の時代は去り道義の時代がきた。過去の全世紀にわたって錬磨され、長く養われてきた人道的精神は、まさに新文明の曙光を人類の歴史に投射しはじめた。新春は世界にめぐりきて、万物の蘇生をうながしつつある。凍氷、寒雪に息を殺し、身じろぎできずにいたのが一時の勢いであるとすれば、和風、暖陽に気脈を振るいのばすこともまた一時の勢いである。天地の復運に際し、世界変潮に乗じたわれわれは何らの躊躇もなく、何らの忌憚することもない。わが固有の自由権を護り、旺盛に生きる楽しみを享けられるよう、わが自足の独創力を発揮して春風に満ちた大界に民族的精華を結ぶべきである。

われわれはここに奮起した。良心はわれわれとともにあり、真理はわれわれとともに進む。老若男女の別なく陰鬱な古巣から活発に起きあがり、万民群衆とともに欣快なる復活を成し遂げようとするものである。千百世の祖霊はわれらを蔭ながらたすけ、全世界の気運は、われらを外から護っている。着手がすなわち成功である。ただ前方の光明に向かって邁進するだけである。

独立宣言が読み上げられたタプコル公園内の八角亭

公約３章

一、今日われわれのこの挙は、正義、人道、生存、尊栄のためにする民族的要求すなわち自由の精神を発揮するものであって、決して排他的感情に走ってはならない。

一、最後の一人まで、最後の一刻まで、民族の正当なる意思を快く発表せよ。

一、一切の行動はもっとも秩序を尊重し、われわれの主張と態度をしてあくまで公明正大にせよ。

（訳と注釈は筆者）

Ⅳ　南山散策
～韓国併合と抗日の義士たちの足跡をめぐる～

南山公園にあるソウルのシンボル・ソウルタワー

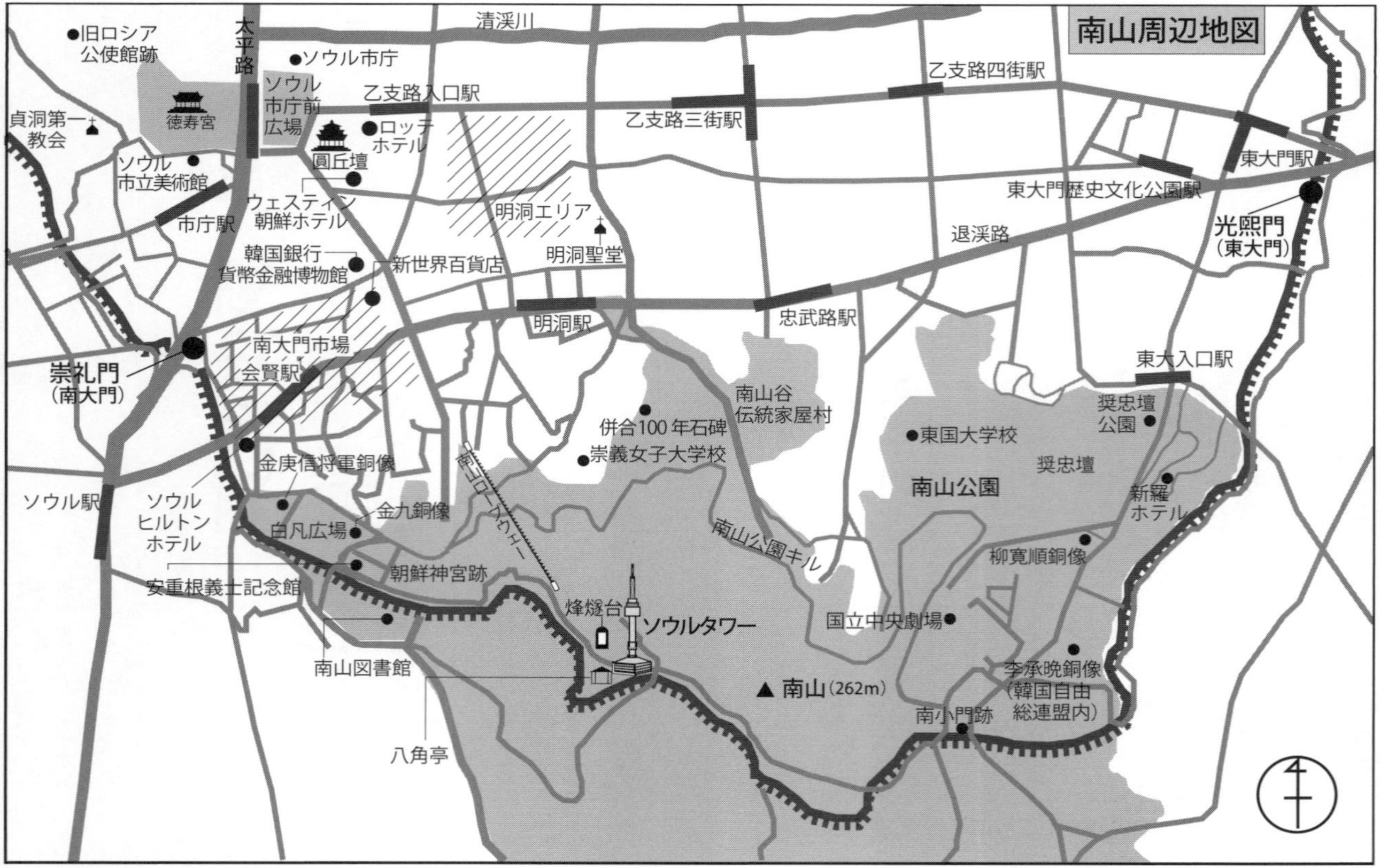
南山周辺地図
清渓川
旧ロシア公使館跡
太平路
ソウル市庁
ソウル市庁前広場
乙支路入口駅
乙支路三街駅
乙支路四街駅
徳寿宮
貞洞第一教会
ロッテホテル
圜丘壇
ソウル市立美術館
市庁駅
ウェスティン朝鮮ホテル
明洞エリア
明洞聖堂
東大門駅
東大門歴史文化公園駅
光熙門（東大門）
退渓路
韓国銀行貨幣金融博物館
新世界百貨店
明洞駅
忠武路駅
南大門市場
会賢駅
崇礼門（南大門）
東大入口駅
南山谷伝統家屋村
併合100年石碑
崇義女子大学校
東国大学校
奨忠壇公園
奨忠壇
南山公園
新羅ホテル
金庾信将軍銅像
ソウル駅
ソウルヒルトンホテル
金九銅像
白凡広場
南山ロープウェー
南山公園キル
柳寛順銅像
朝鮮神宮跡
安重根義士記念館
烽燧台
ソウルタワー
国立中央劇場
南山図書館
李承晩銅像（韓国自由総連盟内）
南山（262m）
南小門跡
八角亭

南山公園のソウルタワー下にあるフェンス。無数の南京錠が多くのカップルにより取り付けられている。

ソウルを初めて訪れた人でも、地図を片手に自分の現在位置を簡単に知る方法が「ソウルタワーの場所を確認すること」だ。ソウル中心部のほとんどの場所から見ることのできるソウルタワーは、南山《ナムサン》の頂上にそびえる、一九七五年に完成したソウルのシンボルだ。南山の標高は約二六五メートル、ソウルタワーの高さは約二三〇メートルで、合わせて五百メートルほどの高さに達し、ソウル市内を一望することができる。夜景も美しく、夜間にはデートスポットとなる。タワー下のフェンスにはカップルたちが互いの愛を誓い合うため、名前などを書いた南京錠が無数に取り付けられている。

　ソウルタワーのふもとにある高台が南山公園だ。南山は、正式な名称を木覓山《モクミョッサン》といい、朝鮮時代にはその中腹は景福宮《キョンボックン》から見て邪魔にな

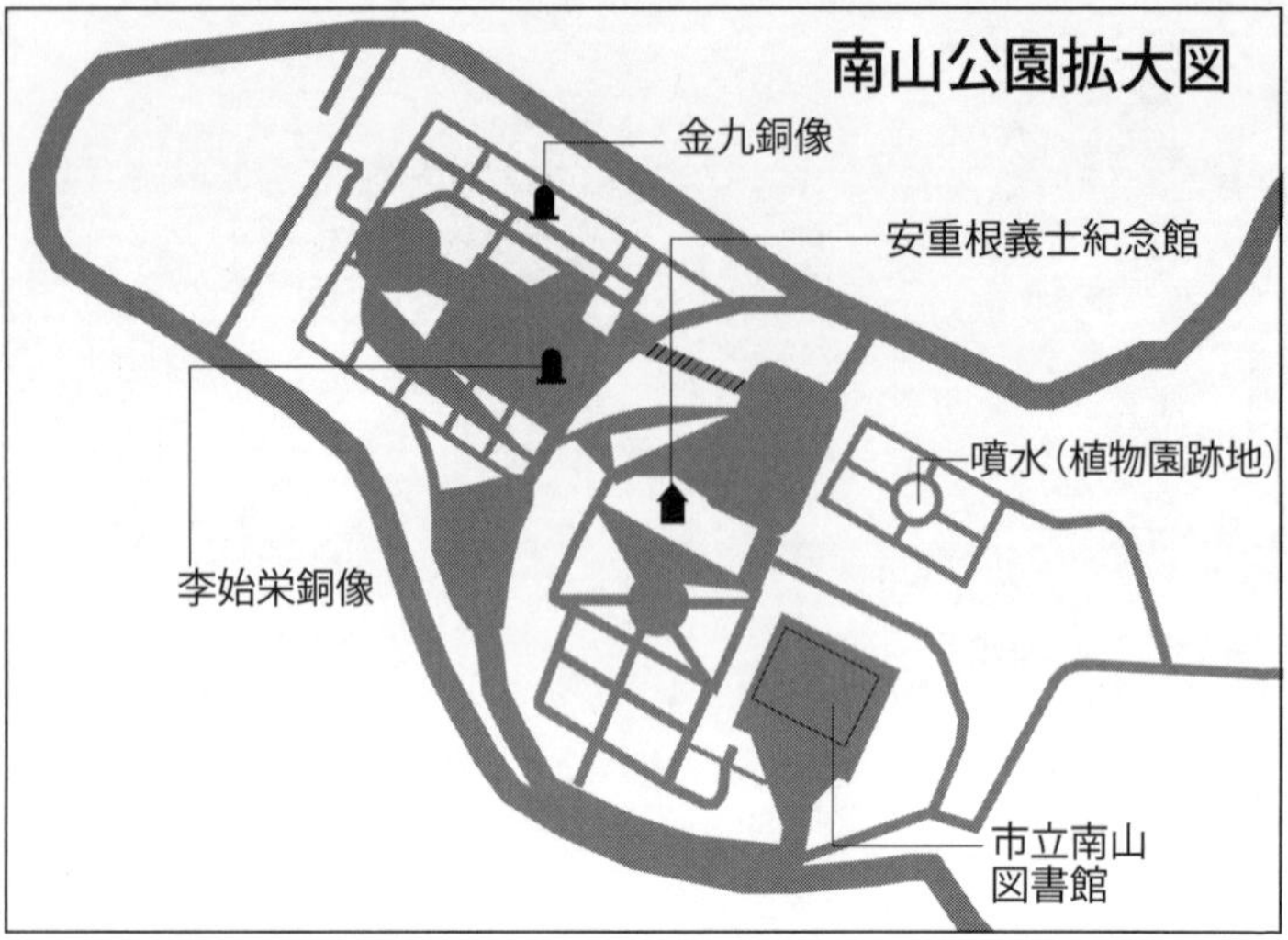

るという理由から、建物は造られなかったという。そのため、公園は日本との関係が深くなった日清戦争以降に造成された。

現在の南山公園には、国立劇場や安重根義士記念館、図書館や子どもの娯楽施設などの建物が点在する。また、頂上までの遊歩道も整備され、ハイキングを楽しむ人たちなど市民の憩いの場ともなっている。さらに、南山公園は数々の韓流映画やドラマのロケ地としても有名だ。ハン・ソッキュとコ・ソヨンが主演した映画『二重スパイ』や、ドラマ『私の名前はキム・サムスン』『カインとアベル』『花より男子《だんご》』など、数多くの作品に四季折々の風景が出てきており、ロケ地めぐりで訪れる人も少なくない。

（1）安重根《アンジュングン》義士紀念館――伊藤博文を射殺した救国の「義士」

南山公園の駐車場近くの一角に、半透明の壁が印象的な、真新しい建物がある。二〇一〇年にリニューアルされた「安重根義士紀念館」だ。

安重根は、日本と韓国で人物評が大きく異なる。日本では、一九〇九年十月二十六日に初代の韓国統監を務めた伊藤博文を中国のハルピン駅で射殺した「暗殺者」「テロリスト」として知られている。

一九一〇年に日本の租借地だった大連市旅順口の刑務所で日本により死刑執行された安重根の遺骨は発見されておらず、調査を進める韓国政府は、中国での現地調査も実施。日本政府に対し、安重根の埋葬場所が確認できる関連資料の提供を求めるなど、遺骨の発見は現在も日韓間の主要な外交問題となっている。

一方、韓国では独立運動の代表的な義士と位置づけられ、傑出した偉大な人物として広く知られている。没後百年となった二〇一〇年には、紀念館のリニューアルをはじめ、安重根に関する数々の行事が催され、光化門《クァンファムン》から延びる大通りに面した政府庁舎には「大韓国人」の文字とともに、安重根の写真が掲げられた。

日本での伊藤博文は、何よりも明治憲法を起草した中心人物であり、初代の内閣総理大臣であり、初代の枢密院議長であり、立憲政友会の創立者であり、千円紙幣にも登場していた人物として、広く知られている。

反対に、韓国での伊藤博文評は「韓国併合を推し進めた人物」「植民地主義の象徴」など、否定的なものが多い。二〇一一年三月に日本で松本剛明外相が就任した際には、松本氏が伊藤博文の末裔にあたることから、韓国メディアで話題を集めた。そのような人物を命を賭して暗殺した安重根は、韓国にとっては「救国の義士」とされて英雄視されているのだ。

紀念館のそばに置かれている安重根の銅像の下で、散歩に訪れた母親と五、六歳くらいの子どもが、こんな会話を交わしていた。

「お母さん、この（銅像の）人は誰？」

「安重根というお方よ」

「どんなことをした人なの？」

「この方がいなかったら、今の韓国はなかったのよ」

安重根とは、いったいどういった人物だったのだろうか。

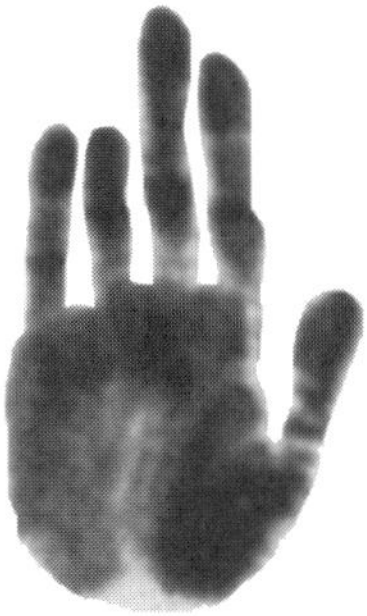

〈上〉安重根の手形〈左〉安重根義士紀念館の敷地に建つ安重根銅像

一八七九年九月二日に黄《ファン》海《ヘ》道《ド》海《ヘ》州《ジュ》府（現在の北朝鮮）で生まれ、十七歳でキリスト教に入信。洗礼を受けてトーマ（道馬）という洗礼名を与えられ、神父とともに黄海道を伝道して歩いた。日露戦争の最中には、一家で中国の山東省に移住したこともあったが、第二次日韓条約（保護条約）が結ばれて日本による朝鮮の植民地化が進んだことに危機感を感じ、帰国する。

ハーグ特使事件による高宗《コジョン》の強制退位などを機に、日本の支配に対抗する義兵運動が高揚する中、安重根はウラジオストクに渡って「大韓義軍」を組織。抗日活動に身を投じた。その中で、伊藤博文の暗殺に思い至ったとされる。

紀念館の安重根の手形を見ると、左手の薬指が短くなっていることに気づく。また、残された写真でも、左手を意図的に見せるように出し、薬指を強調している。伊藤博文暗殺を実行する年である一九〇九年一月、安重根はロシア領コリ（ノボキエフクス）で十一人の同志とともに「断指血盟」を結び、そこで全員が左手の薬指を切断し、その血で韓国国旗（太極旗《テグッキ》）に「大韓独立」と書いた。紀念館には、切断された指と血の模型が置かれ、当時の模様が再現されている。

紀念館で販売されているパンフレット『大韓国人安重根』には、伊藤博文暗殺当時の模様が、以下のように描かれている。

「遂に一九〇九年一〇月二六日、歴史的義挙の決行時間は刻々と迫りつつあった。（中略）安義士がハルビン駅に到着したのは午前七時ごろ、一旦駅舎内の茶屋に入って動静を探ったところ、ロシアの軍人たちと出迎え客が駅舎の内や外に一杯入り交じって混雑していた。午前九時ごろ、伊藤一行が乗った特別列車がプラットフォームに停まり、ココフチェフ一行が出迎えに列車の中に入った。ココフチェフと日本総領事の案内を受けながら、伊藤と随行の者たちが列車を降り、その姿が義士の視界に入ってきた。

安義士はやおら腰を上げ茶屋を出た。国家と民族のため、この大事を必ず成功させたまえと、高ぶる心を静めて天に祈った。

伊藤は儀杖隊《ぎじょうたい》（天皇や皇族、高官、外国の賓客などを警護するための兵隊）を査閲し、外国領事団の前に出て出迎え客の挨拶を受け始めた。安義士はロシア軍隊の後方から機会をねらっていた。伊藤と安義士の距離が十歩程度離れた地点に差しかかった。堵列している軍人たちの間から、伊藤を狙った義士のブローニング式拳銃が火を噴いた。三発が伊藤の胸と腹部に命中したと思った時、よくわからない言葉を呟いて伊藤は倒れた。

随行医師小山が応急処置を行ったが間もなく絶命した。（中略）

この時の時刻、午前九時三十分。安義士は狙撃直後、ロシアの憲兵たちが押し寄せ覆い被すや、力及ばず倒れながら拳銃を落としたが、すぐ起き直って「コレヤウラー！（大韓民国万歳！）」を三唱、素直に逮捕に身を委ねた」

安重根は、日本の検事による取り調べで、伊藤博文を暗殺した十五の理由を挙げている。『大韓国人安重根』によると、「伊藤博文の罪悪十五カ条」とする内容は次の通りだ。

一、明成《ミョンソン》皇后を殺害した罪
二、高宗皇帝を廃位させた罪
三、保護条約を強制締結した罪
四、独立を要求する無辜《むこ》の韓国人を虐殺した罪
五、政権を強制的に奪い、統監政治体制に変えた罪
六、鉄道、鉱山産業と農地を強奪した罪

「伊藤博文罪悪」の文字が書かれた安重根紀念館内の展示

七、日本が第一銀行貨幣を強制的に使用して韓国の経済をかく乱した罪

八、韓国軍隊を強制解散させた罪

九、民族教育を妨害した罪

十、韓国人の外国留学を禁止し植民地化した罪

十一、韓国史を抹殺して教科書を押収した罪

十二、韓国人が日本の保護を望んでいると世界に嘘を広めた罪

十三、現在、韓国と日本の間には争いが絶えないが、韓国は太平無事であるかのようにして天皇を騙した罪

十四、大陸侵略によって東洋平和を破壊した罪

十五、日本天皇の父太皇帝を殺害した罪

明成皇后の殺害については、伊藤は直接に指示をしていないが、川上操六、三浦梧楼が計画した皇后

暗殺を総理として追認したことは、前掲した金文子氏による『朝鮮王妃殺害と日本人』ではっきりと示されている。

安重根は獄中でも堂々とした態度で過ごし、日中韓の連帯を模索した『東洋平和論』序文などを執筆している。刑務所内で安重根に接した憲兵の千葉十七は、その態度に感銘し、死刑執行の当日、安重根から「為国献身軍人本分（国のために献身することが軍人の本分だ）」との書を書いてもらっている。千葉は、退役後は日本に持ち帰って供養をしていたが、現在は紀念館に保存されている。

紀念館は、旧紀念館の敷地裏側に作られ、半透明のボックスが連なるような外観が印象的だ。入り口は地下一階に位置しており、中に入ると、民族衣装をまとった安重根の像が現れる。死刑執行される直前の安重根の姿をモチーフにしており、背後に掲げられた大きな韓国の国旗（太極旗）とともに、強い印象を与える。地上二階までの構造で、安重根の生い立ちや家族構成についての記録や、伊藤博文暗殺や裁判の様子を再現した人形などを展示している。展示規模は旧紀念館の十倍程度に広がったとされ、映像資料などもふんだんに盛り込まれている。

紀念館の外には、安重根を称えるさまざまな石碑などが建てられているが、その中に「民族正気の殿堂」と刻まれたものがある。安重根を尊敬していたという朴正熙《パクチョンヒ》元大統領のものだ。朴元大統領は、植民地時代に日本の士官学校で学んだ人物だが、解放後は抗日闘争や反植民地闘争

「民族正気の殿堂」と刻まれた朴正熙元大統領の石碑

の顕彰に熱心だったとされる。だが、十六年にわたる軍事独裁政権の中で、内部抗争に巻き込まれて一九七九年に側近から暗殺された。その日は十月二十六日。伊藤博文が安重根に暗殺されたのと同じ日付であることは、あまりにも奇妙な歴史の偶然ではないだろうか。

（2）寺社の痕跡を探して
——朝鮮神宮から春《しゅん》畝《ぽ》山《さん》博文《はくぶん》寺《じ》まで

❁ 参拝強制の歴史——朝鮮神宮

安重根義士記念館の前には、大きな噴水台の跡がある。二〇〇六年十月に約三十年の歴史に幕を下ろした南山植物園の跡地だ。城郭の復元工事などの一環としてソウル市が閉園を決め、約二千坪あった植物園（八百二十六坪）と小動物園（百十二坪）が撤去された。

この場所は新たに木々が植えられ、市民の憩いの場として解放されているが、日本の植民地時代には「朝鮮神宮」の本殿が置かれていた場所でもある。

帝国主義の路線を進む日本は、植民地や占領地に神社を造った。朝鮮神宮のほか、台湾神社や昭南神社（シンガポール）などである。朝鮮神宮をはじめ、日本は朝鮮各地に神社を造成したが、朝鮮神宮はその「総本山」にあたる場所だった。「神宮」は、歴代天皇の中でもとりわけ功徳に秀でた天皇を祀っており、神社の中でも格式の高い特別な称号だ。伊勢神宮や平安神宮など、日本の著名な神宮と並ぶ「官弊大社」（国から奉献品や金品を支給される神社）として、一九二五年十月十五日に鎮座祭を執り行っている。一方、朝鮮総督府は朝鮮神宮の建設に関する予算を韓国併合から二年目の一九一二年に計上。植民地支配の早期から、神宮建設に向けた動きがあったことが分かる。

安重根記念館前の朝鮮神宮跡地にある噴水台跡。後ろにソウルタワーが見える。

　朝鮮神宮の祭神は天照大神《あまてらすおおみかみ》と明治天皇だ。一九一九年に祭神が決められ、翌年に地鎮祭が行われた。ここから建設作業が始まり、一九二五年に約七〇〇〇坪の境内を持つ朝鮮神宮が完成する。

　地鎮祭や鎮座祭などは、ソウルに在住していた日本人

かつての朝鮮神宮

が中心となって行い、朝鮮人への参拝強制などは行われていなかった。朝鮮総督府も、皇民化政策の一環として朝鮮人への神社参拝奨励を行ったが、当初はやはり強制は行っていない。だが、一九三六年の神社規則改正により「一邑面《いちゆうめん》（※邑や面は行政区画、筆者注）一神社主義《いちじんじゃしゅぎ》」（村ごとに一つの神社をつくる政策）として、朝鮮各地に官弊大社が作られるようになる。これにあわせて参拝を義務化する流れができ、一九三七年に日中戦争が始まると、毎月一日を「愛国日」とし、日の丸掲揚や勤労奉仕などとあわせて、神社参拝を強要させていく。「内鮮一体（「内」は日本で、日本と朝鮮は一体との意味）」の思想によって神社参拝を強要しようとするが、これに反対したのがキリスト教界だった。

しかし、一九三八年にプロテスタントの一派である長老派教会が、日本の官憲が周囲を取り囲んでにらみをきかせる中で、神社参拝を認める決議を行う。これに反対する牧師や信者は次々と投獄され、参拝を拒否した学校は閉校処分を命じられた。同年には、長老派教会が運営していた学校のうち、小学校と中学校がそれぞれ九校ずつ閉校となっている。このほか、学校長や教頭を日本人にして、キリスト教の力を奪おうとしたケースもあったという。

朝鮮神宮の参拝者は一九三六年が年間百万人強だったのが、一九四〇年に二百十五万人、一九四二年には二百六十五万人と増加している。朝鮮総督府は、参拝者数増加を植民地朝鮮における「国風移植」が徐々になされつつあるとの認識を示していた。総督府はそれを根拠に、朝鮮人を「日本人」とする「国民統合」が進展していると判断したが、こうした参拝の強要は、かえって朝鮮人の不信感と反発を招いた。参拝を拒否した長老派の牧師や信者約七十人が投獄され、このうち五十人が獄死したことからも、総督府が朝鮮人に対し「社会儀礼」をいかに強要したかがわかる。

また、参拝を強要する根拠もあいまいだった。一九三二年に出された『朝鮮神宮年報』によると、天照大神は日本の国祖であり、日本人が旧来から尊崇してきただけではなく、朝鮮人が今あるのも天照大神のおかげであるので、同様に敬わなくてはならないと規定。明治天皇は、その「聖徳高恩」によって朝鮮全体に恩恵が与えられており、神として讃えなくてはならないとしている。そこには、なぜ朝鮮人の日常生活が天照大神のおかげであるのかなど、根本的な疑問に答える説明は一切なかった。

朝鮮神宮は、一九四五年八月十五日に朝鮮が日本の植民地支配から解放されると、神宮側が「昇天式」を行い早々に破壊されて姿を消した。当時を知ることができる痕跡はなく、植物園の跡地を歩くだけでは、そこに朝鮮人の内心を苦しめた施設があったことを知ることは難しい。

安重根義士記念館の前周辺は、朝鮮神宮の「上の広場」とされ、さらに、階段で「中の広場」につながり、三百八十四段の石段を経て「下の広場」に到達する。現在、安重根義士記念館の前には下の道路につながる階段があるが、これは解放後に作られたもので、当時は陸橋によって「上の広場」と「中の広場」が結ばれており、巨大な参道を備えていた。

☸乃木神社と伊藤博文の寺「春畝山博文寺《しゅんぽさんはくぶんじ》」

安重根義士記念館前から石段を降り、道路沿いに下っていくと学校が現れる。財団法人・崇義《スンウィ》学園が設立した崇義女子大学校だ。崇義女学校（崇義女子大学校の旧名）はもともと平壌《ピョンヤン》にあったが、朝鮮総督府の朝鮮神宮参拝強制に反対し、閉校の処分を受け、解放後にこの場所に再建したのだった。

崇義女子大学校と、隣接するリラアート高校（二〇〇九年にリラ工業高校から校名を変えた）とリラ小学校の間にある道を上っていくと、小さな建物がいくつか集まった施設にぶつかる。看板には「南山院」の文字。英派メソジスト教会の孤児院で、一九五二年に開設され、生後一カ月の乳幼児から二十二歳までの五十七人（二〇一一年九月現在）が暮らしている。

南山院の敷地に入ると、庭先に奇妙なテーブルがあるのに気づく。野外でくつろぐにはもってこいのテーブルとイスのセットのようにも見えるが、これは燈籠を逆さにして埋めたものだ。さらに、その近くにある花壇には「心洗」の文字と、裏面には「昭和九年九月吉日」の日付とともに奉納者名が刻まれた石の水桶がある。以前はお清めの水桶として使われていたのだろう。

燈籠や石段だった石材が、テーブルといすに再利用されている。

この場所は、日本の植民地時代に「乃木神社」が存在していた場所だった。日露戦争に第三軍司令官として二〇三高地の激戦を指揮し、その後は学習院院長として昭和天皇の教育にあたり、明治天皇が死去すると大喪の日に妻とともに自決した軍人、乃木希典《のぎまれすけ》を祀った神社だ。乃木自身は朝鮮と関わりは薄いが、朝鮮人への「皇民化教育」の一環として一九三二年に作られたのだった。

南山院の敷地内を歩くと、燈籠や石段に使われていた石材が、あちこちで石壁やベンチなどとして「再利用」されている姿が目につく。パク・フンシク院長は、「設立当時は朝鮮戦争の真っただ中で、孤児があふれていた。乃木神社を孤児院の施設に使うことへの拒否感はなく、生きていくための生活場所として最適と考えた」と話す。燈籠や石段などは捨てることも考えたが「歴史を残しておくことが

雪の日の南山院

大切」との初代院長の信念を尊重し、残してあるという。だが、庭先で遊んでいた中学生の院生に、これらの歴史的な由来を聞いても「よく知らない」とまるで関心がない。逆に「なぜ日本人がこんな石に興味を持つのか」と聞かれてしまう始末だった。

　この乃木神社と「神橋」で結ばれていたのが京《けい》城《じょう》神社だ（植民地時代、日本はそれまで「漢城《ハンソン》」と呼ばれていたソウルに「京城」という名を付けた）。京城神社は当時、京城に住んでいた日本人たちの寄進によって一八九八年に建設が始まった。現地の日本人の自主的な働きかけによって作られただけに、朝鮮神宮よりもなじみが深かったという。

　京城神社の跡地には、崇義学園が運営する崇義女子大学校や中学、高校が建っている。参拝拒否を貫いて閉校処分となった学校が、解放後に旧植民地時代の神社跡地に学校を建てたのだから、なかなかの意趣返しと言えるだろう。

境内があった場所には芝生が植えられ、牧師の祈念碑が建てられている。このほか、鳥居の台石や当時の石畳とみられるものも見当たる。中には、日本人名が彫られた石が逆さまになって使われている石段もあった。大正十二（一九二三）年と記された句碑もグラウンド横に建てられている。

また一九三〇年には、日本の皇太子（後の大正天皇）訪問を記念して「皇太子殿下御駐駕之処」という石碑が建てられたというが、現在は見つけることができない。

日本の神社がこの地域に集中して建てられたのは、日本人の居住地と近かったことが大きな要因だ。乃木神社や京城神社のほかにも、南山に近い竜山には、一五九二年の豊臣秀吉による第一次朝鮮侵略「文禄の役」で南大門から首都突入の先陣を切った加藤清正を祀った加藤神社もあったとされるが、現在は再開発などによって全く姿を消してしまっている。

また、現在は形跡が全く残っていないこともあってほとんど知られていないが、ソウルには、安重根によって暗殺された初代の韓国統監、伊藤博文を祀る「春畝山博文寺」が存在していた。「春畝」とは伊藤博文の号である。

建設されたのは一九三二年十月で、南山の東のふもとにあった。現在では日本人も数多く利用する高級ホテル、新羅《シルラ》ホテルが建っている場所だ。

博文寺建設の音頭を取ったのは、一九二九年に朝鮮総督府政務総監に就任した児玉秀雄だった。児玉は、伊藤が韓国統監だったときに秘書官を務めていたことから、伊藤を顕彰する施設を朝鮮につくることを提唱したとされている。朝鮮と日本の政財界人を中心に「財団法人伊藤博文公記念会」が組織され、募金を始めた。

記念会は、「伊藤博文公の徳風を敬仰し、赫々《かっかく》たる偉業を永く後世に記念する」「公の冥福を追修し併せて朝鮮に於ける仏教の振興を期し、精神的結合を図り、以て朝鮮統治に貢献」するために、仏教寺院を建設することを目標としていた。記念会の理事や実務担当者に多くの総督府の役人が入っており、事務所も総督府内に置かれたので、実質的には総督府の事業だったと言える。

博文寺の設計には、東京帝国大学建築学教室の伊東忠太教授が関わった。伊東は朝鮮神宮の基本設計も担当した人物であり、博文寺の地理的位置も考慮に入れていた可能性がある。ソウルの北に朝鮮総督府、南西に朝鮮神宮、南東に博文寺を置くことで、市内をぐるりと日本の主要施設が取り囲んで、植民地都市として印象づけるという考えだ。

博文寺の本堂は鉄筋コンクリートづくりで、鎌倉時代の禅宗寺院様式をアレンジしたものといわれる。

建物の一部は、景福宮や慶熙宮《キョンヒグン》から移築して作られた。また、総門両側の石垣は光化門の石垣を使った。博文寺の建築は、同時に朝鮮王宮という文化遺産の破壊の上に成り立っているものでもあった。慶熙宮の正門である興化門《フンファムン》は、一九八八年、復元事業として元の場所に移築した。だが、博文寺のために移築される前の場所とは、やや離れた場所に建てられている。

博文寺には伊藤博文の墓があるわけでもなく、まして檀家がいるわけでもないので、資金面で困難に直面したという。曹洞宗の本山から住職が派遣されてはいたが、仏教の法話をしたり、それを本にして発行したりする程度にとどまった。一方で、一九三〇年代の日本では、「大陸旅行」ブームが高まり、朝鮮や満洲への観光や視察、あるいは修学旅行が盛んになったが、博文寺はソウルでの「観光名所」に組み入れられた。

日本の敗戦による植民地支配の終焉以降、博文寺がどのようになったのか不明な点が多い。一時、仏教系の学生寮として使われていたともされる。また、植民地時代の朝鮮で長く暮らした岸謙の著書『京城名所物語』では、太平洋戦争の末期に、日本軍が爆撃に備えて博文寺の本堂地下倉庫に大量の軍事物資や食糧を備蓄したとされている。敗戦後、日本軍がソウルから去っていくと、地下倉庫の前には、食糧を求める市民たちが長蛇の列を作ったという。その後、博文寺には安重根の位牌が祀られたとも記されているが、事実のほどは定かではない。

こうした経歴を背負った博文寺だが、取り壊された後には、韓国政府の迎賓館が建てられた。一九七〇年代には新羅ホテルが建設される。ホテルの周辺を歩いてみたが、伽藍をはじめ、その形跡と思われるものは何もなく、当時を知る手掛かりはついに得られないままだった。

(3) 独立運動家たちの姿——点在する烈士の銅像

南山周辺には、日本による植民地時代に独立運動を展開した「烈士」たちの銅像が、あちこちに建てられている。独立運動家の中でも歴史的に重要な人物の像が多く、その活躍を知ることは、韓国の近代史を知る上での大きな助けになるはずだ。

❁大韓民国臨時政府を率い、朝鮮半島統一を目指した金九《キムグ》

安重根義士記念館の前にある階段を降り、道路を渡り、先にある小道を入っていくと、右手を挙げた三メートルほどの高さの銅像が現れる。像に書かれた文字は「大韓民国臨時政府主席・白凡金九」。独立運動を率いたリーダーとして韓国で多くの人に知られている金九だ(白凡は金九の号)。

韓国では、一時発行が決定された十万ウォン紙幣(その後無期限延期)の肖像画として取り上げられることになったほど有名な人物だが、日本で知る人は少ない。

金九は一八七六年黄海道海州《ファンヘドヘジュ》に生まれた。十八歳で東学(人間の平等と政治改革、庶民の暮らし

を守ることを主張した思想運動）に入り、農民たちが政府の圧政に対して立ち上がった一八九四年の東学農民戦争（甲午農民戦争）では、先鋒大将として海州城を攻撃している。その後、日清戦争後の一八九六年に、明成皇后殺害の仇を討つとして、日本の陸軍中尉・土田譲亮を殺害し逮捕され（土田は明成皇后殺害とは無関係だった）、強盗殺人犯として死刑判決を受ける。だが、死刑執行の前に王の特命で減刑され、後に脱獄して各地を放浪する。

安重根記念館の近くにある金九の銅像

その後、故郷で学校を設立し、教育運動を展開するようになった。一九〇七年には国権回復運動をするため秘密団体の新民会に加入し、国外独立運動基地建設と独立軍の養成のための資金を得るため黄海道地域（現在の北朝鮮）での募金を担当した。一九一一年に安重根の従兄弟、安明根《アンミョングン》による寺内正毅朝鮮総督暗殺未遂事件（安岳事件）に関与したとして逮捕されるが一九一五年に仮出獄し、農民啓発活動を展開した。

金九は「三・一独立運動」にも積極的に参加する。逮捕を逃れるため、上海に亡命して大韓民国臨時政府に参加。日本の植民地支配に対抗する運動体は、朝鮮の内外にいくつも組織されていたが、運動の組織化のため、それらの統一が図られる。三・一運動後の一九一九年九月に発表された臨時政府の憲法と閣僚名簿では、大統領に李承晩《イスンマン》、首相に李東輝《イドンヒ》が就任。金九は初代の警務局長に就任している。

だが、臨時政府はさまざまな独立運動勢力の集まりだったことから、次第に内部分裂が表面化した。一九二三年には臨時政府の改廃をめぐって対立が激化し、国民代表会議が決裂。これによって急速に力が弱まった。その後、臨時政府大統領の李承晩が弾劾され、金九が指導者となった。

金九の率いる臨時政府は抗日武装闘争を展開し、蒋介石の中国国民党と協力関係を結んだ。一九三七年七月、日中両国は全面戦争に突入、同年十月に上海が陥落し、続いて首都南京が占領されると、中国国民党政府は武漢を経て奥地の重慶に遷都していった。合わせて臨時政府も重慶に移動し、光復軍総司令部を創設。日本が中国に加えて米英と開戦した翌日の一九四一年十二月九日、日本に宣戦布告した。光復軍には朝鮮義勇軍も参加し、その力は強大なものになった。

一九四五年八月の解放後、金九は韓国政府の中心的な人物として活躍するはずだった。しかし、朝鮮半島が南北に分断されてしまったために、抗日闘争を展開していたグループの帰国に遅れが生じた。そのため、新国家建設の主導権を握ることはできなかった。

帰国後、金九は韓国独立党を結成し、左派と右派の対立が激化する中、韓国の信託統治に反対を表明する。一九四八年には、米軍政下にある朝鮮半島南半分だけでの単独選挙実施に反対し、あくまで南北統一を目指すべきとの考えを貫いた。このため「南の単独政権樹立もやむなし」として反共姿勢を優先する李承晩と対立。南北に分断国家が成立した（韓国は一九四八年八月、北朝鮮は同年九月）後の一九四九年六月二十六日、陸軍少尉の安斗熙《アンドゥヒ》によって暗殺される。

金九は国葬され、一九六二年には大韓民国建国功労勲章を受章。南北統一と独立を希求した人物として、韓国で尊敬を集めている。一方、金九を暗殺した安斗熙は約四十年間服役。出所後の一九九二年に金九の墓前で犯行を詫びたが、一九九六年に金九を敬愛するバス運転手に殺害された。

金九の暗殺について「政治的ライバルだった李承晩大統領（当時）の指示だった」などの説があるが、真相は不明だ。「生き証人」だった暗殺実行犯も殺害され、暗殺の背景は韓国現代史に残る謎とされている。二〇〇一年には韓国の学者らが、安斗熙が米国の対敵諜報部隊（ＣＩＣ）要員だったことを示す公文書を米国立公文書館で発見した。公文書は、米軍の情報将校が金九暗殺直後の四九年六月二十九日に作成、米陸軍の参謀部に提出されたもので、安斗熙が秘密組織の構成員であり、ＣＩＣの要員であったことを明記している。また、安斗熙に直接、暗殺を指示したのが反共産主義のテロ活動を行っていた韓国の極右組織の団長だった可能性も指摘している。金九の像がある場所からソウル駅方面に下り、線路を越えて淑明《スクミョン》女子大学校の方に向かって歩いていくと、孝昌公園《ヒョチャンコンウォン》に出る。運動場や散策路、子どもの遊び場などがあり、スポーツを楽しむソウル市民たちが集まる場所となっているが、この公園の奥に金九の墓がある。その横には「白凡記念館」があり、金九の生涯について詳しく知ることができる。

孝昌公園には、金九のほかにも「独立運動の義士」として韓国で知られている人たちの墓がある。公園中央付近には「三義士の墓」として、一九三二年一月に皇居桜田門外で昭和天皇の馬車に爆弾を投げ付け、暗殺を企てた（馬車の損傷と近衛兵が負傷しただけで失敗）李奉昌《イボンチャン》と、上海で日本軍の白川大将を殺害した尹奉吉《ユンボンギル》、白貞基《ペクジョンギ》の墓が並んである。三人はいずれも日本で処刑され、遺骨を日本から持ち帰って葬られた。また、三人と並んで墓石のない墓があるが、伊藤博文を殺害した安重根のものだ。遺骨が見つかっていないことから、臨時の墓という形で置かれている。

南山のふもとにたたずみ、遠くを見つめるような金九の像をめぐっては、韓国内である「議論」がつきまとっている。この銅像は、韓国を代表する現代彫刻家、金景承《キムギョンスン》（一九一五―九二）が一九六九年に共同製作した。だが、金景承は「親日派」のレッテルが貼られた人物でもある。

東京美術学校（現・東京芸術大）を卒業した金景承は、一九四一年に親日派の団体「国民総力朝鮮連盟」傘下の朝鮮美術家協会で評議員と彫刻分科会の委員を務め、韓国での報道などによると、一九四四年には決戦美術展覧会の審査員となり、日本の戦争を賛美する「大東亜建設の声」という作品を発表したとされている。

こうしたことから、韓国の非政府組織（NGO）「民族問題研究所」が編集した、日本の植民地支配に協力した人物に関する「親日人名辞典」に、金景承は名前を掲載される。その後、一部の大学で「外部からの圧力によって強制された行動だった」として金景承の名誉回復を求め、韓国政府も同調する動きがあった。だが、金景承の名が「親日人名辞典」から削除されることはなかった。

ソウル郊外の仁川《インチョン》市には、朝鮮戦争での国連軍による「仁川上陸作戦」を記念して、マッカーサーの像が建てられている。これを制作したのも金景承だった。南北統一を希求した金九の像と、朝鮮戦争を主導した人物の像が同一人物の手によって作られたのは、なんとも皮肉な話ではないか。

☸独立運動に身を投じた兄弟――李始栄《イシヨン》と李会栄《イフェヨン》

金九像の斜め前に、椅子に座った老人の銅像が建てられている。日本ではその名はほとんど知られていないが、大韓民国の初代副大統領を務めた李始栄の像だ。一九八六年に建てられた銅像の後ろには、李始栄について「国の独立と建国に身体を捧げた民族のともしびであり師匠であり法統である」と記されている。

李始栄は李朝時代の一八八一年、難関の科挙文科に合格し、高等法院判事などを歴任した秀才だった。だが、一九一〇年の韓国併合とともに六人兄弟の家族五十人以上とともに満州に逃れた。そこで私財をなげうって新興武官学校を設立し、独立軍の養成に尽力する。そうした経歴から、一九一九年に上海で大韓民国臨時政府が樹立されると法務・財務長官に就任、一九二九年には韓国独立団の結成に参加した。一九四六年に帰国し、大韓民国政府が樹立されると、初代の副大統領に選出される。しかし、李承晩大統領の独裁的な政治手法に反対し、一九五一年には辞任した。

銅像の後ろにある説明文には、副大統領就任後の李始栄について、次のように書かれている。

「李始栄は解放とともに帰国して自由独立と大韓民国の創建に貢献し、大韓民国初代副大統領に当選した。しかし、六・二五民族相争（注：朝鮮戦争）の渦中で独裁と不正に走った国の政治の責任を感じ副大統領の座を退いた。以後、在野にあっても民主主義政治の具現のため避難地である釜山《プサン》で金性洙《キムソンス》、趙炳玉《チョビョンオク》などとともに反独裁護憲救国宣言を発した。（中略）一九五二年、民主国民党大統領候補として出馬し、独裁を倒し民主政治を実現しようとしたが敗れ、翌五三年四月十七日、八十五歳で亡くなった」

また、李始栄の一歳上の兄、李会栄も、やはり独立運動に献身した。彼は満州各地やウラジオストクを経て、北京や上海で独立運動を展開。無政府主義的な傾向を強めていったが、分裂していた臨時政府の統合に尽力したという。一九三二年に上海から満州へ向かう途中、大連で日本の警察に捕まり、拷問の末に死亡した。

李会栄は一九六二年に建国勲章国民章を受けた。ソウルの大学路《テハンノ》にある韓国放送通信大学の裏側には、李会栄を記念する「友堂記念館」がある。

大韓民国初の副大統領となった李始栄像

☸ハーグ特使の三人と李《イ》漢應《ハンウン》

ソウル東部の高級ホテル、新羅《シルラ》ホテル。そこから坂を下り、道路をはさんだ場所に広がる公園が「奨忠壇公園《チャンチュンダンコンウォン》」だ。南山の東端にあたる場所にあり、その奥には仏教系の東国大学校がある。

奨忠壇公園に入っていくと、どこか頭

が大きく、胴長短足にすら見える印象的な銅像が建っている。「ハーグ特使事件」に加わり、目的を達せられないまま客死した李儁《イジュン》の銅像だ。

ハーグ特使事件とは、李儁ら三人が高宗の親書を携えて、オランダのハーグで開かれた万国平和会議に秘密裏に出席し、一九〇五年十一月に締結された第二次日韓協約（保護条約、乙巳条約）締結は日本の恫喝によるもので無効だと訴えようとした事件を指す。

日露戦争後に米英露の承認のもとで韓国を侵略していった日本は、第二次日韓協約によって韓国統監府を設置し、伊藤博文が初代統監に就任。韓国の外交はこの統監の支配下に置かれることになった。独立国家にとっては致命傷となる主権の剥奪である。

これに対して、韓国では激しい反対運動も起きたが、武力で対抗することは不可能。そこで皇帝・高宗は、一九〇七年六月に四十カ国が参加する「第二回万国平和会議」がハーグで開かれることを知り、議政府参賛（首相レベルの高官）だった李相卨《イサンソル》に親書を与え、この席上で朝鮮の実情を各国に訴えようとした。李相卨は平理院検事だった李儁とともにロシア帝国のサンクトペテルブルクに入り、ロシア公使館書記だった李瑋鍾《イウィジョン》と合流。三人でハーグに乗り込んだ。

しかし、会議の主題は植民地問題ではなく、植民地拡大に反対する性質のものでもなかった。また、会議を牛耳っていたのもそれぞれ自らの植民地を持つ帝国主義諸国であり、日本と、その同盟国の英国が特使三人の会議出席を妨害するのを、列強も傍観するばかりで、結局三人は会議に出席できなかった。

だが、記者協会の斡旋で英語、フランス語、ロシア語に堪能だった李瑋鍾が演説の機会を得て、「大韓帝国のために訴える」として、流暢な英語で日本の祖国侵略を弾劾した。しかし、成果は得られず、特使派遣は不発に終わる。そして特使の一人、李儁はそのまま現地で死亡した。奨忠壇公園の像には、李儁が「切腹自殺した」と書かれている。だが、切腹を示す明確な資料はなく、顔にできた腫瘍によって死亡したとの説もある。

奨忠壇公園内にある李儁（イ・ジュン）の像。ハーグ特使事件でオランダへ行ったが、目的を達せられないまま、現地で死去した。

この特使派遣を理由に、日本政府は韓国統監の伊藤博文を通じて高宗を圧迫。退位を迫り、純宗《スンジョン》へ強引に譲位させる。同年七月のことである。

これに激怒した人たちは、警察署や親日的な姿勢を取っていた言論機関を襲撃するなど、抗議活動を激化。これに対し、日本は第三次日韓協約を強要し、韓国の外交権に加え

ロンドン公使だった李漢應の記念碑。日韓協約によって外交権が奪われ、自殺した。

て行政、司法権までも剥奪した。さらに集会や結社を禁じる「保安法」も制定し、抗議活動を弾圧した。この時点で、実質的な植民地化はなされていたと言える。

この「ハーグ特使事件」をめぐっては、日韓で呼称の違いがある。日本では「ハーグ密使事件」とされ、高宗が秘密裏に使節を派遣したとの意味が込められている。一方、韓国では「ハーグ特使事件」とし、三人が正式な使節との立場をとっている。呼称の違いからも、視点の違いが浮き彫りになる。

李儁像の隣には、日本の植民地支配に抵抗し、やはり客死した外交官、李《イ》漢應《ハンウン》の記念碑がひっそりと建っている。李漢應は英語が堪能で、英語教師を経て二十九歳で駐英国公使館の参事官としてロンドンに派遣された。だが、公使だった一九〇五年に結ばれた第二次日韓協約によって韓国の外交権が奪われ、公使館は閉鎖されることになる。帰国を余儀なくされた李漢應は、その恥辱に耐えきれず、現地で服毒自殺を遂げた。李漢應の遺体をイギリスは丁重に扱い、遺品とともに韓国へ返還したという。

（4）韓国併合の記憶――併合一〇〇年の石碑

二〇一〇年八月二十九日、ソウル市内が激しい雨に見舞われる中、南山中腹の小さな広場に数百人の人たちが集まった。日本から訪れた人たちも数多く含まれ、白い布に覆われた石碑を見つめるように取り囲んだ。

石碑には、この場所に韓国統監府があったことが示されている。その百年前の一九一〇年八月二十二日、第三代韓国統監の寺内正毅と李完用《イワニョン》首相との間で「韓国併合ニ関スル条約」が韓国統監府で調印され、同二十九日に公布、発効した。植民地支配の終わりとともに統監府の建物は破壊され、その記録も残されていなかった。だが、韓国併合から百年を迎えて「韓国民にとって恥辱の歴史も見つめ直す」との趣旨で、石碑が建立されたという。

一九〇五年の第二次日韓協約に基づいて韓国の外交権を掌握した日本は、ソウルに官庁の出先機関として韓国統監府を置いた。韓国が日本の保護国となったことによって設置された機関で、

併合 100 年の石碑。韓国統監官邸があったことが示されている。

初代統監には伊藤博文が就任したが、韓国併合に関する条約の締結により韓国は日本の領土となり、政府機関の統合などによって、韓国統監府は朝鮮総督府と改組された。

縦一メートル、横一・五メートルほどの小さな石碑には「統監官邸の場所」の文字とともに、韓国統監府が置かれた経緯が韓国語で記されている。「日帝侵略期、統監官邸（韓国統監府）があった場所として、一九一〇年八月二十二日、三代統監寺内正毅と総理代理の李完用が『強制併合』条約を調印した庚戌国恥《キョンスルククチ》の現場だ」との内容だ（寺内正毅は朝鮮総督府の初代総督としても知られるが、その任に就く前は第三代韓国統監だった）。庚戌国恥とは、一九一〇年が戌年《いぬどし》だったことから、その年に行われた国の恥として、韓国併合を指している。

除幕式では、韓国側から参加した政界関係者らから、過去の植民地支配を糾弾するとともに、元従軍慰安婦に対する補償など「過去を直視」する姿勢に日本政府が欠けていると非難の声が相次いだ。さらに、同十日に発表された韓国併合百年に関する菅直人首相談話にも、併合が無効との記述がなかったことなどから「内容が不十分だ」との声が出された。

この日のソウル市内は、日韓の市民団体が韓国併合百年に関するさまざまな行事を企画。韓国併合に関する条約の無効宣言や天皇の謝罪、安重根の遺骨捜索に対する積極的な協力などを日本政府に求めた。韓国メディアの報道では、首相談話で過去の植民地支配を「政治的・軍事的背景の下」で「その意に反して行われた」と踏み込んで表現したことへの評価も見られた。だが、談話での謝罪に関する表現は、戦後五十年を迎えた一九九五年の「村山談話」を踏襲していたことから、不足感を訴える記述も目立った。

だが、そうした「政治的な動き」の一方で、

南山に置かれた韓国統監府

韓国併合百年に対する一般市民の関心は決して高いとは言えなかった。市民団体によるデモなど、反日感情の高まりを懸念していた在韓日本大使館の関係者も「予想より静かな反応だった」と振り返る。ソウル市当局も、当初は石碑の設置に難色を示し、市民団体が交渉の末に実現にこぎ着けた。石碑の周辺にはこれといった案内板もなく、これを目当てに訪れる人の姿はほとんどない。ひっそりとたたずむ石碑の姿は、百年という時の長さを語っているようだ。

ところで、石碑のある南山周辺には、韓国人を恐れさせた二つの施設が置かれていた。一つは「朝鮮憲兵隊司令本部」で、もう一つは「韓国中央情報部（ＫＣＩＡ）本部」だ。

朝鮮憲兵隊司令本部は、現在の「南山谷伝統家屋村」の一角に置かれ、一九九〇年代中盤までは門柱に「朝鮮憲兵隊司令本部」の文字がかすかに見えたが、現在は取り払われている。軍隊内の警察機能を持つ憲兵隊だが、植民地支配の過程では、独立運動の弾圧などに重要な役割を担った。初代朝鮮総督の寺内正毅は、憲兵警察を設置し、抗日運動の激しい地域には憲兵を配置、一九一九年の三・一独立運動では鎮圧に出動させている。

もう一方の韓国中央情報部（ＫＣＩＡ）は、一九六〇年代の朴正熙政権下で創設され、軍事独裁政権下で民主化運動を弾圧する拠点となった。国民の間で「南山《ナムサン》」と呼ばれたＫＣＩＡ本部は、民主化運動家の間では連行されれば死を意味する場所として恐れられた。しかし、その後の民主化によって、ＫＣＩＡは名称を国家情報院に変え、本部もソウル市南部に移され、南山で当時の面影を知ることはできない。民主化運動を経験した五十歳代の男性は「憲兵隊司令部や韓国併合ばかりではなく、ＫＣＩＡという暗くて悪いイメージが南山にはつきまとっている」と話していた。

韓国がかかわってきた戦争について学べる戦争博物館

このほか、南山から南西を望むと緑が広がるが、その多くを占めているのは在韓米軍基地（龍山米軍基地）だ。約二五〇万平方メートル（およそ東京ドーム五〇個分）という広大な敷地の中には、在韓国連軍司令部、米韓連合軍司令部など軍の中枢機能が置かれている。二〇一六年までにソウル南方の平澤《ピョンテク》に移転することが決まっており、その後は再開発によって公園や住宅地などが造成される計画となっている。周辺には国防省（日本の防衛省に相当）のほか、朝鮮戦争をはじめ、先史から現代に至るまで朝鮮半島で起きた戦争の資料を展示した「戦争博物館」がある。

V　ソウル北部・東部

～北村《プッチョン》から大学路《テハンノ》を歩く～

粛靖門へ至るソウル城壁

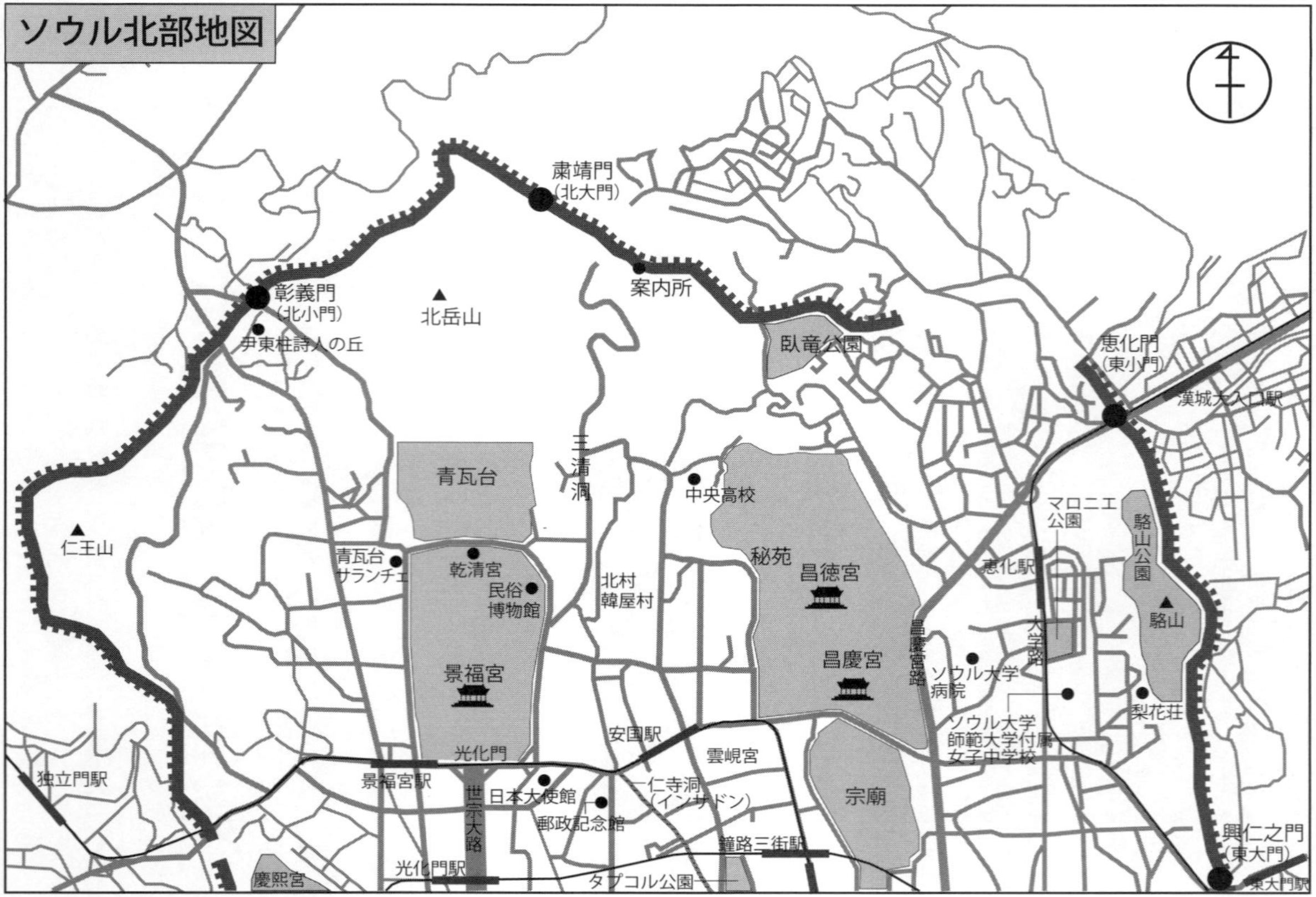
ソウル北部地図
粛靖門
(北大門)
彰義門
(北小門)
北岳山
案内所
尹東柱詩人の丘
臥竜公園
恵化門
(東小門)
漢城大入口駅
三清洞
青瓦台
中央高校
仁王山
マロニエ公園
駱山公園
青瓦台
サランチェ
乾清宮
秘苑
昌徳宮
民俗博物館
北村韓屋村
恵化駅
駱山
大学路
昌慶宮路
景福宮
昌慶宮
ソウル大学病院
梨花荘
ソウル大学師範大学付属女子中学校
安国駅
光化門
雲峴宮
独立門駅
景福宮駅
日本大使館
仁寺洞
(インサドン)
宗廟
世宗大路
郵政記念館
鍾路三街駅
興仁之門
(東大門)
光化門駅
慶熙宮
タプコル公園
東大門駅

(1) 権力の中枢──青瓦台《チョンワデ》と北村《プッチョン》周辺

ソウル中心部にある王宮、景福宮《キョンボックン》の北側に位置し、コバルトブルーの瓦屋根が印象的な建物が大統領官邸「青瓦台」だ。南山《ナムサン》に建つソウルタワーの展望台からは、その姿をよく眺めることができる。

Ⅰ章で述べたように、風水思想に基づく都市設計が行われたソウルで、景福宮は最も「気」の凝縮される場所に置かれた。現在、青瓦台が置かれている場所は、景福宮の後苑（王妃たちが住む宮殿）があり、敷地内には演武場や科挙の試験場などがあったという。大韓民国が成立した後、初代大統領となった李承晩《イスンマン》はここを「景武台《キョンムデ》」と命名、執務室兼官邸として使用し始めた。その後、一九六〇年になって「青瓦台」という名前に変更される。

現在、大統領の執務室や官邸として使われている本館は、盧泰愚《ノテウ》大統領時代の一九九一年に建てられた（旧館は一九九三年に取り壊し）。周辺には常に警備の警察官が配置され、周辺の道を歩いているとしばしば「どちらに行かれますか？」「観光ですか？」などと質問される。どこか緊張感が漂う雰囲気からは、大統領制をとる国家での最高権力者がここにいることが伝わるだろう。

五年に一度の選挙で選ばれる大統領を政治機構のトップに置く韓国では、大統領の警備は厳重

大統領官邸の青瓦台前で記念撮影する修学旅行生。背後に北岳山が見える。

を極める。青瓦台に入る場合には金属探知機による荷物検査などが徹底され、大統領が屋外で演説などを行う場合は、大統領が現れると一帯で携帯電話が使えなくなる。これは、携帯電話の電波を利用した爆弾テロを防ぐためで、強力な妨害電波が出されて一時的に使用不可能となる。日本では「過剰警備だ」と批判にさらされそうなことも、当然のこととして行われる。ちなみに、内閣を束ねる国務総理（首相）にも警備が付けられるが、その厳しさには大統領と格段の差があり、さらに各省の長官（大臣）となると、日本と違い通常はＳＰなどの警備は実施されない。

☸青瓦台の内部

一九八〇年代まで続いた軍事独裁政権の下で

は、青瓦台周辺は厳しい警備態勢が敷かれ、一般の地図からもその存在は消されていた。だが、民主化以降は警備も和らげられ、周辺の三清洞《サムチョンドン》はお洒落な観光スポットとして、韓国の若者たちのほか、日本人観光客にも人気を集めている。さらに、事前申し込みを行えば、青瓦台内部のツアーに参加することもできる（青瓦台のホームページ http://www.president.go.kr/ より申し込み可能）。

参観が可能な場所は、韓国メディアの青瓦台担当記者が詰める「春秋館」。入り口の正面施設には一階が記者室、二階が大統領や秘書官たちの記者会見場がある。記者室や会見場は非公開だが、観覧に訪れた人たちは、向かって左側の施設で青瓦台の広報ビデオなどを見ることができる。

春秋館を出て十分ほど歩くと、青瓦台の中でも最も美しいとされる庭園「緑地苑《ノッチウォン》」に到着する。一九六八年に造成された緑地苑は、約百二十種類の木々に囲まれ、中央には樹齢百六十年という松の木が枝を張っている。右奥に見える韓国の伝統的な建築様式の家屋・韓屋《ハノク》は「常春斎《サンチュンジェ》」で、海外からの貴賓の接見や非公式会議の場所として使用されている。

さらに十分ほど歩くと青瓦台の前身「景武台」跡に着く。李承晩《イスンマン》時代の建物は撤去されているが、現在はその場所に記念碑が建てられている。風水思想の観点から、もっとも運気のよいとされる場所だったという。建物の屋根の部分に添えられていた置物だけが、小高い丘の上にひっそりと置かれている。

そして、続いて現れる建物が青瓦台の本館だ。十五万枚にのぼる深い青色の瓦がトレードマークで、背後には北岳山《プガッサン》が堂々とそびえる。一階には大統領夫人の執務室と会議室、二階には大統領執務室がある。外国からの賓客を招く迎賓館とともに、韓国政治の中枢という雰囲気が伝わってくる場所だ。いずれも指定された場所以外、写真撮影は制限されており、訪問の際には注意が必要となる。日本語と中国語、英語の音声ガイドが貸し出されるので、韓国語がわからない人も安心だ。

青瓦台の見学には事前申し込みが必要だが、二〇一〇年には自由に訪れることのできる青瓦台展示館「青瓦台サランチェ」が完成した。青瓦台から道路をはさんだ先にある建物で、韓国の歩みについて年表を用いた説明があるほか、歴代大統領の写真や使用品、訪問した各国国賓からの贈り物が展示されている。また、大統領執務室を再現したコーナーもあり、大統領との合成写真の撮影や、韓国の国璽《こくじ》(国の印鑑)を押す体験もできる。

❁北村《プッチョン》とその周辺

青瓦台のある一帯から東の方に向かって坂を下りていくと、一本の通りにぶつかる。三清洞《サムチョンドン》というこのエリアには、ワインを出すイタリアンの店や雑貨の店など、どこか洒落た店が建ち並

北村周辺の街並み。数多くの史跡と文化財があり、「都心の中の博物館」とも呼ばれている。

ぶ。韓国の伝統料理を出す店も多く、左右一車線と歩道の小さな通りには、観光客のほか地元の若者たちが集う。東京で言えば、さながら表参道か青山といった雰囲気だろうか。

さらに、三清洞周辺には、韓国の伝統的な建築様式による家屋「韓屋《ハノク》」が点在している「北村」がある。北村には数多くの史跡と文化財、民俗資料が保持されており、都心の中の博物館とも呼ばれる。

北村は、光化門《クァンファムン》交差点近くを流れる清渓《チョンゲ》川《チョン》と、中心部の鍾路《チョンノ》の北側にあることから、その名前を付けられた。ソウルをはじめ韓国にはマンションが至るところに建っているが、ここではあまりその姿を見ない。一帯には九百棟余りの韓屋が建ち、一般の人たちが日常生活を送っている。ソウル市内を望みなから両脇に韓屋が並ぶ坂道など、大都会のソウルにおいて一味違ったその風景は、多くの観光客を惹きつける魅力がある。

青瓦台や景福宮に近いだけに、北村周辺は日当たりや排水がよく、風水思想上も極めてよい立地とされている。それだけに、一九六〇年代まではソウル有数の高級住宅地だった。だが、一九七〇年代になって企業や学校、政府施設といった大型の建物が北村地区に建てられ、景観に変化が生じ始めた。そのため、ソウル市は一九八四年に北村一帯を「韓屋保存地区」に指定。開発に歯止めをかけ、伝統家屋を残すよう規制をかけた。これによって景観は保たれたが、韓屋が老朽化する一方で、十分な補修が行えない問題が発生。住民たちの不満が高まり、一九九一年にソウル市は規制の撤廃に踏み切った。

韓屋《ハノク》の数は年々減少し、代わりにマンションなどの集合住宅が目立つこととなり、北村の景観は再び危機にさらされることになった。このため、ソウル市と住民は対策に乗り出し、一九九九年に老朽化した韓屋の補修費用をソウル市が援助することなどで合意した。韓屋を保存し、観光資源として活用する方向が定まり、現在に至っている。

北村周辺の昌徳宮《チャンドックン》北端にはソウル中央高校がある。一般の高校だが、ここには現在も多くの日本人女性が訪れている。日本で大ヒットした韓流ドラマ「冬のソナタ」のロケ地として登場したからだ。ドラマでは「春川《チュンチョン》第一高校」として登場し、ペ・ヨンジュンやチェ・ジウら日本でも

「冬のソナタ」のロケ地・ソウル中央高校は、多くの抗日独立運動の義士たちの母校でもある。右側に韓流グッズを売る店がある。

はや知らない人はいないほどの韓流スターが、高校生を演じた場所だ。今でも訪れる韓流ファンの日本人女性は多く、校門の脇に記念品やグッズを売る出店も設けられているほどで、日本での根強い「冬ソナ」人気を実感させられる。

だが、中央高校が多くの抗日独立運動の義士たちの母校で、三・一独立運動で主要な役割を果たした人物が在籍していたことは、あまり知られていないだろう。敷地内には「三・一記念館」があり、韓国では三・一独立運動に関する主要な史跡として知られている。ちなみに、冬ソナでペ・ヨンジュンがピアノを弾いていた場所は「三・一記念講堂」だ。

（2）植民地時代の最高学府——京城帝国大学跡《けいじょうていこくだいがく》

ソウルで若者たちが多く集まる場所の一つが、東大門《トンデムン》に近い「大学路《テハンノ》」だ。韓国で最難関の大学として知られ、学歴社会の中で受験競争を勝ち抜いたエリートたちが集まるソウル大学校があったことから（現在はソウル南部に移転）、この名前が付いたのだろう。ちなみに韓国では「大学」ではなく「大学校」が正式な名称だ。

その大学路の中心となっている場所が、ソウル大学校の移転後、一九七五年に造成された「マロニエ彫刻公園」だ。公園にはその名の通りマロニエの木が茂り、あちこちにミュージカルの小劇場や映画館が建ち並ぶ。休日には「アーティスト」たちが路上でのパフォーマンスを繰り広げる。観光客にも知られる場所となったが、どこか開放的な雰囲気が漂っているのは、いかにも「大学路」の名にふさわしい。

そのマロニエ彫刻公園の中に、ジオラマが展示されている。移転前のソウル大学校の模型で、「ソウル大学校遺跡記念碑」の文字が添えられている。公園に集う人たちからはほとんど注目されない地味な模型だが、ソウル大学校の前身、京城帝国大学の姿を知るうえでも貴重な資料だ（ソウル大学校は「一九四六年に設立」としており、京城帝国大学との関連性を認めていない）。

マロニエ彫刻公園にあるソウル大学校の模型

京城帝国大学は一九二四年五月に公布、施行された「京城帝国大学官制」に従って設置された、植民地支配下の朝鮮半島で唯一の公立総合大学だった。日本本土の帝国大学が文部省管轄であったのに対し、京城帝国大学は朝鮮総督府が管轄した。

日本政府は当初、朝鮮半島に大学を設置しても、植民地支配政策に役立つことはないと考えていた。だが、朝鮮在住の日本人が増加するにつれて、その子弟の教育要求に応えることが必要となった。また、三・一独立運動を契機に韓国人たちから高等教育を求める声が高まり、公立の大学設立要求運動が盛り上がりをみせた。朝鮮総督府はこれを抑えるためにも、法文学部と医学部から成る京城帝国大学の設立を決めたのだった。

一九二八年までには予科、法文学部、医学部の棟が建てられ、朝鮮総督府の病院が医学部付属の建物に移管された。さらに、一九四一年には理工学部も新設される。これには、朝鮮とあわせ新たに獲得した満州の工業化を推進するため、数多くの高度な技術者が必要だったという背景もあった。こうしたことからも、大学設立の目的と植民地支配の関連が浮かび上がる。

植民地の朝鮮半島で唯一の大学だったが、朝鮮人のための大学ではなく、学生数は日本人の方が断然多かった。最大でも朝鮮人学生の比率は四割を超えることはなく、日本の敗戦による解放までに、法学部十八回、医学部十七回、理工学部三回の卒業生を送り出したが、このうち朝鮮人は八百十人だった。朝鮮人の卒業生は、周囲から「親日派」との烙印を押されることもあったが、知的エリートとして独立後の韓国で大きな役割を果たした。

京城帝国大学は解放後、アメリカ軍の管理下に移行。一九四六年の国立ソウル大学校設置令により、京城帝国大学とソウル内外の九つの専門学校を合わせた総合大学として再編成された。これが、現在のソウル大学校となっている。

「大学路」の周辺には、京城帝国大学の時代から使われてきた大学本部や医学部の建物がまだ残っている。医学部跡にある塔は、当時からシンボルとされてきた。現在の文化振興院や韓国放送通信大学校なども移転前のソウル大学校校舎を使っており、さらに以前は京城帝国大学の建物だった。周囲の風景になじんだ建物の雰囲気が、その長い時の流れを実感させる。

（3）初代大統領・李承晩《イスンマン》の足跡——梨花荘《イファジャン》

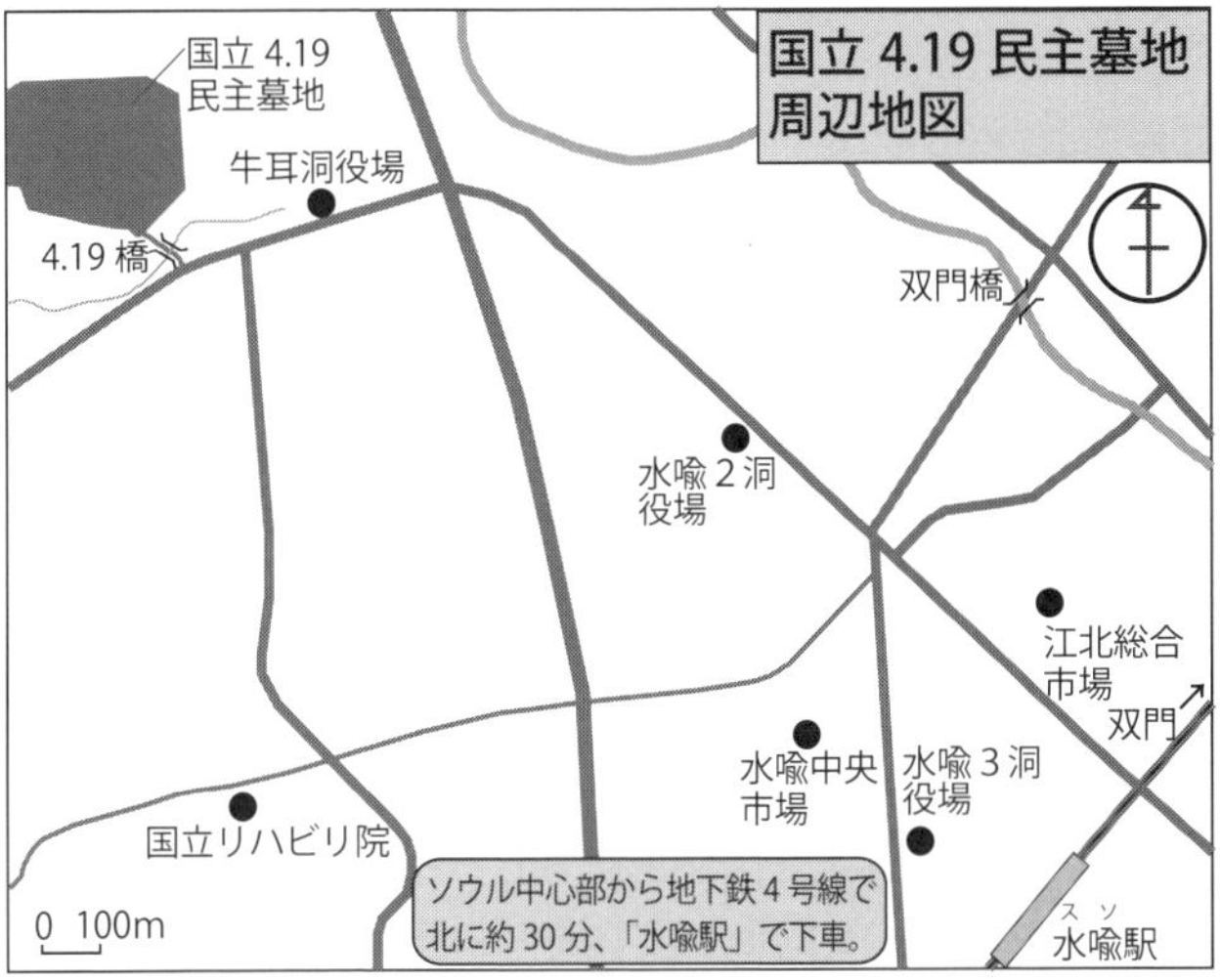

ソウル市郊外の緑豊かな北漢山《プッカンサン》のふもとにある「国立四・一九民主墓地」。二〇一一年四月十九日の朝、ここに一台のマイクロバスが到着した。だが、そのバスは待ち構えていた約七十人の高齢の男性たちによって取り囲まれる。「何しに来た！」「出て行け！」といった怒号が飛び交う中、バスはバックで墓地の外に出て駐車した。バスの中からは、喪服に黒ネクタイの男性五人が降り、墓地の正面に向かって歩いてきた。

この墓地には、一九六〇年四月十九日に起きた韓国の初代大統領、李承晩の独裁政権の退陣を求めた大学生による大規模デモ（四・一九学生革命）で、警官隊の発砲などにより死亡した人たちが眠っている。

四・一九学生革命は、同年三月に行われた大統領選挙での不正に反発した学生らによるデモで、李承晩大統領を退陣に追い込んだ。このため、独裁に立ち向かった韓国民主化運動の原点とされている。一方、ソウルでは二〇万人以上の学生らがデモに参加したが、警官の発砲によって一八三人が死亡している。一九八〇年代の軍事独裁政権に対抗する民主化運動よりも以前、一九六〇代に起きた民主化抗争を記念する場所だ。

喪服姿の五人は、李元大統領の養子、李仁秀《イインス》元明知大教授と、社団法人建国大統領李承晩博士記念事業会の会員たち。そして、待ち受ける約七十人は当時のデモに関わった元大学生だ。

「謝罪しに参りました。李承晩大統領の自由民主主義に対する精神と、四・一九学生革命の精神は全く同じ」と主張し、謝罪声明を発表しようとする李仁秀氏らに対し、元大学生たちは「ここをどこだと思っているんだ」と激高。五人は胸ぐらをつかまれるなどもみくちゃにされながら墓地の外に押し出され、謝罪を拒否されたままその場を離れた。さらに、五人が去った後も、遺族の間では「慰霊ぐらいさせてもいいのでは」「一切許さない」と意見が分かれ、興奮してもみ合いになる場面もあったという。

政権の座から引きずり下ろされてアメリカに亡命、一九六五年に死去しておよそ半世紀が経つ現在でも、李承晩元大統領はこうした政治的な議論の的としてしばしば登場する。四・一九学生革命ではソウルのタプコル公園にあった李元大統領の銅像が引き倒されたが、二〇一一年八月に右派の政治団体によって南山《ナムサン》に建立された。「大韓民国を建国した大統領である李承晩博士に対

李承晩邸宅跡として保存されている梨花荘

し、正しい再評価がなされなければならない」（建立した政治団体）との主張に対し、四・一九学生革命の関係者からは「権力の座から引きずり降ろされた李承晩の銅像を再建するのは、革命に対する冒涜《ぼうとく》」と激しい批判が寄せられた。

韓国のほか、日本でも「韓国初代大統領で、反共の独裁者」というイメージが強い李承晩だが、その日常の姿がどうだったのかはあまり知られていない。それをかいま見ることのできる場所の一つが、李承晩の邸宅跡として保存されている「梨花荘」だ。「李承晩博士記念館」という名前もつけられており、解放後に米国から帰国した李承晩が住んでいた。

大学路のにぎやかな雰囲気から少し離れた閑静な住宅街。ひっそりとたたずむ門をくぐると、美しい庭園といくつかの韓国式家屋が目に入る。フランチェスカ夫人の所有していた各種のアクセサリーや李承晩

南山に建つ李承晩の銅像

の使っていた日用品の展示、書斎などが再現され、権力をほしいままにした元大統領の素顔がうかがえる。また、初代内閣の閣僚構想を練ったという「組閣亭」は、数人入ればいっぱいという程度の大きさで、あまりの小ささに驚かされる。観光客はほとんど訪れない場所だが、韓国の現代史を知るうえでは貴重な場所だ。

❁李承晩という人物

李承晩は日清戦争後、国政改革を目指した「独立協会」運動に参加して逮捕され、四年間の獄中生活を経験するなど、独立運動家として知られた。その後、米国に渡って大学を卒業し、ハワイに在住しながら独立運動を続けた。

李承晩の名を有名にしたのが、一九一九年の三・一独立運動の後、上海に置かれた大韓民国臨時政府の初代大統領になったことだ。だが、李承晩の独立運動は、米国などの列強に後押しを要請するものだった。そのため、抗日武力闘争を含め、海千山千の厳しい経験を積んだほかの独立運動家と激しい意見対立を生み、一九二五年三月には臨時政府大統領の座を追われてしまう。それでも李承晩は臨時政府の決定を無視する形で独自の独立運動を続けた。

解放後の一九四五年十月に韓国へ戻り、建国運動の中心人物として注目された。徹底した反共路線と米・英・中・ソによる信託統治への反対を訴えた李承晩は、米ソ対立という冷戦構造の中で、米国の後押しを受けることに成功した。その結果、一九四八年の大韓民国建国とともに初代大統領に就任する。その時は既に七〇歳を超えていた。

李承晩は政権の座に就いていた十二年間、強力な反共、反日政策を掲げた。日本がサンフランシスコ講和条約の発効によって「独立」を回復、漁業の自由を得たことへの対抗策として、独自に朝鮮半島周辺海域での主権を主張し（通称「李承晩ライン」）、これによって多くの日本漁船が拿捕《だほ》され、日韓両国で大きな政治問題となった。

また、自らの政権下で朝鮮戦争を経験した李承晩は、休戦協定の締結に強く反発した。このため、休戦協定は国連軍（米国）と北朝鮮、中国との間で調印されており、韓国は調印していない。さらに李承晩は、政敵や批判者を「共産主義の手先」「北（北朝鮮）のスパイ」などとして次々と抹殺する。憲法を改正して「生涯大統領」を画策するなど、次第に「独裁」の色彩を濃くしていき、国民の不満は募っていく一方だった。

一九六〇年の正・副大統領選挙で不正を横行させ、その怒りに端を発した学生らのデモによって失脚した李承晩は、米国へ去った後、再び祖国の土を踏むことなく人生を終えた。現在は多くの国民から「独裁者」としてのレッテルを貼られている。大学生の九〇％が李承晩を「親米事大主義者」「永久分断の元凶」「独裁者」などと認識しているという世論調査結果もあるという。

だが一方で、保守派からは「再評価」を求める動きもある。二〇一一年四月一九日、保守系紙の朝鮮日報は社説でこのような主張を展開した。

「歴史に「if（もしも）」を持ち込むのは無意味だが、もし（李承晩政権の）当時、南（韓国）が左派の主張に飲み込まれてしまっていたら、韓国人は今ごろ北（北朝鮮）の同胞たちと共に、金正恩《キムジョンウン》氏による三代世襲の正当性に関する教育を受けていることだろう。大韓民国の現在は、資本主義か共産主義かの選択、市場経済を土台とする対外輸出指向経済か社会主義的自給自足経済かの選択という、歴史的決断によって作り上げられた。韓国の国民は、李承晩時代になされたその最初の決断の恩恵を受けている」

二分する李承晩への評価は、「共産主義」国家として成立した北朝鮮と向き合い、常に「政治的理念」（イデオロギー）の対立を国内で続けてきた韓国の政治状況を、そのまま反映している。

（4）南北対決の現場——粛靖門《スッチョンムン》（北大門《プクデムン》）

北岳山の森の中で独特の雰囲気を残す粛靖門（北大門）

四大門の中で、独特の雰囲気を持っているのが粛靖門（北大門）だ。地下鉄三号線の安国駅《アングク》からバスと徒歩で臥竜公園《ワリョンコンウォン》に向かう。山道には木々が生い茂り、植物が四季折々の表情を見せる。現れた城壁に沿ってしばらく進んでいくと、見晴らしのいい場所にある案内所にたどり着く。ここから粛靖門へ向かう約四・三キロの区間を歩くには、パスポート（または外国人登録証）などを示して申請用紙を提出しなければならない。また、この道への入場は午後三時までとなっているので、ここを訪れたい人は早めの行動が必要だろう。

一九六八年一月、武装した北朝鮮兵士三一人がひそかに軍事境界線を越えて韓国に侵入し、朴《パク》正熙《チョンヒ》大統領（当時）ら政府要人を暗殺するため、青瓦台（大統領官邸）の裏山まで到達する事件が

彰義門に続く急な石段

発生した。青瓦台の数百メートル手前で警備の警察官が発見して銃撃戦となり、二九人を射殺、一人が自殺、一人を逮捕する一方、韓国側にも多数の犠牲者が出た。この事件をきっかけに、青瓦台周辺の警備が強化され、粛靖門に向かう城壁のルート一帯も民間人の立ち入りが規制された。

一般に開放されるようになったのは、北朝鮮に融和的な政策を掲げた盧武鉉大統領時代の政権末期にあたる二〇〇七年四月からだ。現在でも軍人の姿がところどころで目につき、写真撮影の制限があるなど、どことなく緊張感が漂う。

その道を進むと粛靖門にたどり着く。城壁の工事が始まった当初は現在より少し西側の位置にあったが、一五〇四年に城壁が補修された際、移動されたという。一九七六年に門が修復された際、門楼も復元された。門楼には、左右にある階段を上ると入ることができる。

粛靖門が建てられた目的は人の往来ではなく、城郭に四大門としての格式を持たせるとともに、非常時に使用するためだった。風水思想上の理由で、門を開けていると女性の陰気が動く

四小門のうちで唯一当時の姿のまま保存されている彰義門

とされ、通常は閉ざされていた。だが、日照りが激しい時は門が開けられて冷気を入れ、そのかわりに崇礼門《スンネムン》（南大門《ナンデムン》）を閉じたという。北側は陰、南側は陽という陰陽の原理が読み取れる。

さらに、彰義門《チャンウィムン》（北小門《プクソムン》）に続く道には急な石段があり、北岳山の頂を経る。粛靖門と彰義門の間は、南北の軍事的緊張が起こるはるか以前、通行が遮断されていたことがある。一四一三年、風水学者の崔揚善《チェヤンソン》が「（二つの門は）景福宮の両手に当たるので道を通して地脈を害してはいけない」と告げたため、両門は閉じられ、約一〇〇年間にわたって通行が禁じられた。

典型的な城郭門楼の形をした彰義門は、四小門のうち唯一原形をとどめている場所でもある。また、門の周辺は洒落たレストランやカフェが点在する付岩洞《プアムドン》と呼ばれる場所で、「私の名前はキム・サムスン」や「コーヒープリンス1号店」などのロケ地として登場することでも知られる。

Ⅵ　ソウル西部

～西へ足を伸ばせば～

独立門駅のそばにある西大門刑務所跡の歴史館

ソウル西部地図
0
1km
弘済
ホンジェ
母岳峙
ムアクチェ
地下鉄３号線
独立門
トンニンムン
西大門刑務所跡歴史館
独立門
加佐
ガジャ
西大門
ソデムン
尹東柱の詩碑
延世大学校
京義線キョンイソン
新村シンチョン
阿峴
アヒョン
望遠
マンウォン
弘大入口
ホンデイプク
地下鉄２号線
梨大イデ
新村
シンチョン
ソウル駅
エオゲ
合井
ハプ
チョン
広興倉
クワンフン
チャン
上水
サンス
地下鉄６号線
大興テフン
切頭山
殉教記念館
孔徳
コンドク
孝昌
公園
南営
ナンヨン
孝昌公園前
ヒョチャン
コンウォン
麻浦
マポ
漢江

（1）自主独立を目指して——独立門《トンニンムン》と独立協会

ソウルの地下鉄「独立門」駅で下車し、地上に出ると、パリの凱旋門のような形をした門が目に入る。その姿は、景福宮《キョンボックン》に延びる高架橋（城山大橋）を通れば、車内から見ることもできる。その「独立門」は日清戦争から二年後の一八九七年十一月に完成した。花崗岩で作られた門の高さは十四・二八メートル、幅は十一・四八メートルある。建てられた当時は、現在より七十メートルほど南東側にあったのだが、一九七九年に高架橋を建設するために移動させられた。

「独立門」と聞いて、その隣に植民地時代の独立運動家を収容した西大門《ソデムン》刑務所の跡地があることから、日本からの「独立」を示していると思い込んでいる人がいるかもしれない。だが、実際には中国・清朝からの「独立」を意味する。その背景を知るには、独立門がある場所にあった「迎恩門《ヨンウンムン》」の存在が避けて通れない。

迎恩門は、朝鮮王朝の王が「頭を九回地面に叩きつけて擦りつけ、ひれ伏して清の使者を迎える」という屈辱的な隷属の象徴の門だった。しかも、この門で王が土下座して出迎えたのは、中国からの使者である勅使だった。清朝による君臣関係（冊封体制）の中で、こうした行事が毎年行われていたのだった。

清朝への自主独立の気概を示そうと作られた独立門

一八九五年の下関条約によって朝鮮が清朝との君臣関係を離脱するまで、朝鮮王朝の王は清朝の皇帝によって承認を受け、国内の事件を皇帝に報告することが求められていた。出迎えの儀式からもわかるように、その地位は清国の廷臣よりも低く、その一方で清朝へ食糧や兵士を求める権利は保障されていなかったという。門のそばには、勅使の一行が休息する慕華館があった。独立門の手前には、迎恩門の門柱が二本、今も残っている。

こうした屈辱的な記憶を持つ迎恩門を破壊し、自主独立の気概を示そうと作られたのが独立門だ。一八九六年に建設が決まり、完成までに一年一カ月。見ての通り、パリの凱旋門をモデルとし、ドイツ公使館の技師が設計図を作成した。工事は韓国人技師が担当し、中国人が労役を担ったという。

（2）徐載弼《ソジェピル》と独立協会

「西大門独立公園」にある独立門の近くに、新聞をつかんだ右手を高く掲げている像が建っている。一八九六年四月に創刊したハングル文字による新聞「独立新聞」を創刊した徐載弼だ。この像は「独立新聞」の創刊から九十四年がたった一九九〇年、韓国新聞協会や韓国放送協会、韓国新聞編集人協会、韓国記者協会などジャーナリズムに関わる人たちによって建立された。独立運動家であり、韓国のジャーナリストからも尊敬を集める徐載弼とはどのような人物なのだろうか。

徐載弼は一八六三年、慶尚道《キョンサンド》の大邱《テグ》府（現大邱市）で生まれ、十三歳で難関である科挙の試験に合格した秀才だった。一八八三年に日本へ渡り、陸軍の学校に入学した軍人でもある。一八八四年に金玉均《キムオクギュン》、洪英植《ホンヨンシク》らとともに甲申政変を起こし、十八歳で兵曹参判（軍事を司る省庁の次官）になった。しかし、政変が失敗したため、日本を経てアメリカに亡命。米国に帰化してワシントン医科大学に入学し、細菌学の研究で博士号を取得した。一方、朝鮮に残された家族は自殺や餓死、殺害されるなど、悲惨な末路をたどっている。

一八九四年に帰国後、独立協会の創立に参加する。独立協会とは、開化派の知識層が朝鮮の自

独立新聞を創刊した徐載弼像

主独立と内政改革を目指してつくられた運動体だ。迎恩門の跡地に独立門を建てることを訴え、ロシア公使館に留まっていた高《コ》宗《ジョン》に還宮を勧めて実現させるなど、大きな影響力を持っていた。その後のメンバーには、解放後に韓国の初代大統領となった李《イ》承晩《スンマン》も含まれている。

　徐載弼は、政府からの支援を受けて「独立新聞」を創刊、独立協会の機関紙的な役割を担った。四ページの新聞は週三回発行され、四面は「ザ・インディペンデント」というタイトルで英文版として編集されていた。この新聞は、自由民権思想を啓発して一般民衆から熱烈な支持を受け、一八九八年からは日刊紙になる好調ぶりだったが、政府批判が強すぎるとして守旧派からの反発を呼び、徐載弼は再び米国行きを余儀なくされる。その後も新聞発行は引き継がれたが、後に英文版だけの発行となり、一八九九年に廃刊となった。

米国に渡った徐載弼は、三・一独立運動の報せに接すると、在米韓国人を組織して韓国独立援助会を設立。上海の臨時政府とも緊密に連絡をとり、外交委員長の肩書きでフィラデルフィアに事務所を設けていた。独立運動に私財を投じ、生活のために大学で教壇に立ったこともあるという。

解放後に米軍政庁顧問として招聘され、八十歳の高齢ながら帰国を決意。老独立運動家の帰国に混乱期の民衆は大いに期待を寄せたが、激動の時代に十分な力を発揮することなく、再び米国に戻り現地で生涯を閉じた。

（3）植民地支配と軍事独裁政権の記憶——西大門《ソデムン》刑務所

西大門独立公園に建つ、荘厳な雰囲気を漂わせるレンガ造りの建物が西大門刑務所跡地だ。一九〇七年に、第三次日韓協約で日本が韓国政府の司法権を奪い、刑務所を含む新たな司法制度に着手すると同時に着工され、一九〇八年に完成。朝鮮半島で初めての近代的な監獄で、その規模も最大だった。二階建て煉瓦造りの獄舎など十数棟や死刑場、死刑囚の獄舎群からなっており、三・一独立運動の際には検挙者が急増したため、未決囚三千人が収容されたという。

一九二三年には「西大門監獄」から「西大門刑務所」へ名称変更し、戦後は「ソウル刑務所」として存続。軍事独裁政権時代には、数多くの民主化活動家たちが投獄された場所でもある。一九八七年にソウル拘置所がソウル市郊外に新設されたのに伴い役割を終え、歴史館として一九九八年に開館した。現在は約十の建造物が残っており、二〇一〇年にはリニューアルされている。

歴史館の敷地に入るには、監視塔を見上げるように中央の門をくぐる。赤レンガの高い門が、ここが刑務所であったことを連想させる。入口を入って正面にある旧保安課庁舎が展示館となっている。この保安庁舎は一九二三年に建てられ、地下には監房があって、独立運動家らへの厳しい取り調べや拷問が行われたという。一階と二階部分は資料やパネルが展示され、地下では人形や実際の道具を展示し、当時の取り調べの模様などが再現されている。

一階では、植民地時代の刑務所や朝鮮総督府に残っていた資料をもとに製作された一九三〇年代の建物の配置図や模型、日本語が書かれた建築素材などが展示されている。また、植民地時代だけではなく、軍事独裁時代にも民主化運動家への弾圧の場となったことも触れられ、釈放される運動家たちや刑務所が閉鎖される時の写真なども掲載されている。西大門刑務所を知る上での重要な歴史なのだが、解説がハングルのみなのが残念なところだ。

さらに、二階は「民族抵抗室」との名で三つの部屋に分かれ、独立運動に身を捧げた人たちの記録や、日本による植民地支配下での弾圧の記録などが、資料とともに展示されている。

現在は歴史館として公開されている旧西大門刑務所

特に「追慕空間」と名づけられた中央の部屋は、約五千人分の受刑記録票の複製が壁三面に張り巡らされ、見る者に強い印象を与える。残された記録表は、通算収容者全体の八分の一程度に過ぎないとされるが、壁に貼られた一人一人の眼差しが、時空を超えて重くのしかかってくる。その雰囲気は、一九七〇年代後半のカンボジアのポル・ポト政権下に実在した政治犯収容所、トゥールスレンを連想させる。一万五千人以上と言われるトゥールスレンの収容者のうち生還できたのは十人足らずに過ぎず、現在は博物館となっている収容所跡には、収容者たちの写真が無数に張り巡らされている。無言を強いられた表情から放たれる恐怖や怒り、絶望感は、時が経っても決してあせることがない迫力を持っていた。「追慕空間」とトゥールスレンを単純に比較をすることはできないだろうが、人間の持つ残虐さの闇と、それが繰り返されていることの事実には、ただ愕然とさせられてしまう。

そうした重苦しい気持ちは、地下の展示によってさらに強められることになる。刑務所内に設けられた拘置所や拷問室、監房のほか、絞首刑にされた死刑囚が吊され遺体が運び出される死刑場の地下部分が、ほぼ実物大に復元されている。取り調べや監視の様子が人形を使って再現されているほか、拷問道具も展示されている。以前は、爪を剥がしたりする凄惨な拷問の様子なども再現されていたが、リニューアルによってショッキングさは和らげられた。それでも、独立運動家たちに加えられた過酷な拷問の様子を知るには十分だ。

しかし、こうした重苦しい歴史を刻んだ展示物の前で、見学に訪れた韓国人の若者たちが無邪気に記念写真を撮っていることもあり、不思議な気持ちにとらわれる日本人も少なくない。収容者を立たせたまま閉じ込める拷問道具の木箱に入り、歓声をあげながら写真を撮っている若者グループを見た時は、驚きというよりも、拍子抜けした気持ちになってしまった。

このほか、保存されている獄舎の一部も公開。戦前からほぼそのまま残る中央舎には人形を使って看守の事務所が再現されている。収容者の体験などから、獄中生活の厳しさを知ることができる。また、十一、十二獄舎は中まで立ち入ることができ、壁を叩いて抗議する収容者の姿が人形によって描かれていて、貴重な歴史体験の場となっている。

また、敷地の角には、さらに塀に囲まれた小さな木造の小屋がある。独立運動家らを絞首刑に処するために作られた死刑場だ。内部をのぞくと立会人たちが座るスペースの前に、死刑囚の座る椅子が置かれ、その上から絞首の縄がぶらさがっている。レバーを引くと椅子の下の踏み板が外れ、死刑囚は首を吊られる状態になる仕組みだ。死刑場の入口わきには、連行される死刑囚がすがりついて泣いたとされる通称「慟《どう》哭《こく》のポプラ」が立っている。また、出口の先には、死刑囚の遺体を秘密裏に外へ運び出す長さ約四十メートルのトンネルもあり、死刑場一帯は現在も独特の雰囲気に包まれている。

「慟哭のポプラ」が立つ西大門処刑場跡

このほか、展示場の横には、女

性の独立運動家を取り調べるために作られた地下監獄が再現されている。一畳ほどの広さの独房が四つあり、三・一独立運動を象徴する人物で、同刑務所で死亡した柳寛順《ユグァンスン》も、ここで拷問されたという。

(4) 尹東柱《ユンドンジュ》と延世《ヨンセ》大学校

韓国を代表する詩人として、時間や世代を超えて親しまれ続けているのが尹東柱だ。日本と同様、若者の活字離れが進む韓国だが、それでも尹東柱の名前を知らない人を見つけるのは難しい。日本のファッション雑誌を愛読する二十歳代の茶髪の女性に「尹東柱って知っている？」と尋ねると「知らない韓国人がいたら、それはきっとどこかの国のスパイね」と笑いながら、代表作「序詩」をそらんじてみせた。尹東柱は『つつじの花』などの作品で知られる金素月《キムソウォル》と並ぶ、韓国の「国民詩人」だ。

だが、日本での知名度は、韓国でのそれに遠く及ばない。私も尹東柱の名前を知ったのは三十歳代半ば、二〇〇七年にソウルの延世大学校に留学した時だった。広いキャンパスの一角を歩いていると、小さな碑が建てられているのに気づき、そこには「尹東柱詩碑」との文字が彫られていた。その碑の後ろにある建物は「尹東柱記念館」となっており、尹東柱が延世大の前身である

韓国を代表する詩人・尹東柱

延世大学校にある尹東柱の詩碑

延禧《ヨンヒ》専門学校に在学中、寄宿生活を送っていた場所だという。一緒にいた韓国人学生は、私が尹東柱の名前を知らなかったことにひどく驚き、年上の私に気を使いながらも、真剣な表情で「日本植民地時代に抵抗の精神を忘れなかった民族詩人です。ぜひ、その生涯を知ってください」と話した。

延世大学校の学生会が一九六八年に建立した詩碑の裏には、尹東柱の生涯を記した言葉が刻まれていた。

「尹東柱は民族の受難期であった一九一七年、独立運動の拠点、北間島《プッカンド》の明東《ミョンドン》（注：現在の中国吉林省）に生まれ、そこで成長し、一九三八年この延禧の丘を訪ね、一九四一年に文科を終えた。彼はまた、日本へ渡って学業を続けながら抗日独立運動を繰り広げていたが、その途中の一九四五年二月十六日、日本の福岡刑務所でむごい刑罰により命を落とした。この時の彼の年齢は二十九歳だった（注：数え年。満年齢では二十七歳）。

彼がこの丘を散策しながら書いた宝石のような詩は、暗黒期の民族文学の最後の灯として同胞の胸に響き、彼の『こだま』『空と風と星と詩』とともに道は終わらない。

ここに彼に従い慕う学生、知人、同級生たちが誠意を集め、彼の体温が宿るこの丘に彼の詩一篇を刻みこの詩碑を建てる」

四人兄弟の長男として生まれた尹東柱は、運動も得意で勉強もでき、父親は医者にさせたいと思っていたという。だが、少年時代から文学に傾倒し、祖父の薦めもあって、ソウルに出て延禧専門学校で文学を専攻した。一九四一年に卒業後、尹東柱は日本への留学を決意する。敬虔なクリスチャンらしく、留学先はキリスト教系の立教大学を選び英文科選科に入学。十月には同志社大学英文科選科に編入している。

尹東柱がなぜ、立教大に入学早々に東京を引き上げ、京都の同志社大に籍を移したかは、今となっては正確に知る由もない。失恋の悲しみに耐えかねて、東京を離れたとの説も出されているが、定かではない。ただ、はっきりとわかっていることは、尹東柱が日本に留学した当時、朝鮮半島では皇国臣民化をすすめるために朝鮮語の使用が禁止され、独立運動は厳しく弾圧されていたということだ。一九四〇年に始まった民族性を奪う「創氏改名」を強制され、尹東柱も「平沼東柱」という名前で過ごしていた。多感な青年期に受けた植民地支配の圧力。尹東柱は、祖国から玄界灘を隔てた日本の地でその不条理に悩み、怒り、詩にその思いをぶつけようとしたのだろう。

尹東柱は、東京や京都での日本社会で心を許せる人はほとんどなく、孤独な日々を送っていたといわれる。そして、同志社大に籍を移して十カ月あまりが経った一九四三年七月、特高警察によって突然逮捕される。「治安維持法違反」がその理由だった。当時の記録などからは、朝鮮語で詩や日記を書いていたことが独立運動に関与しているとみなされ、弾圧の対象となった事実が浮かび上がる。逮捕の翌年、尹東柱は懲役二年の判決を受け、終戦による朝鮮半島の植民地支配の終わりを半年後に控えた一九四五年二月十六日、旧福岡刑務所で獄死した。死因ははっきりせず、刑務所内では中身の不明な注射を何度も打たれたほか、朝鮮語で何かを叫び息絶えたなど、凄惨さを物語る説が伝わっている。

非業の死を遂げた尹東柱が人々の注目を集めるようになったのは、戦後になってからのこと。詩の多くは日本の当局によって処分されていたが、ソウルにいた親友に手紙とともに送っていた詩が残っていた。親友は軍隊に行く時、母親にその詩を託し、母親は床下に穴を掘って甕《かめ》に入れて隠していたという。そうして残された詩がまとめられ、一九四八年に『空と風と星と詩』として出版。この遺稿詩集をきっかけに、尹東柱は日本植民地時代の抵抗詩人として有名になった。

だが、尹東柱は「政治活動家」というよりは、繊細な心を持った敬虔なクリスチャンという印象が強かったという。代表作の「序詩」からは、強烈な抵抗のメッセージとともに、叙情にあふれた個性がはっきりとにじみ出ている。

死ぬ日まで空を仰ぎ
一点の恥辱《はじ》なきことを、
葉あいにそよぐ風にも
わたしは心痛んだ。
星をうたう心で
生きとし生けるものをいとおしまねば
そしてわたしに与えられた道を
歩みゆかねば。
今宵も星が風に吹き晒《さ》らされる。

（伊吹郷訳・『空と風と星と詩〜尹東柱全詩集』影書房）

尹東柱の死後、遺骨は父親が福岡まで出向いて受け取り、故郷に持ち帰った。詩人の茨木のり子は、弟の尹一柱《ユンイルジュ》氏が「どんな思いで（父が）兄の骨を抱いて、福岡から釜山、それから汽車にゆられて北間島の家まで戻っていったのか」と話すのを聞いて「遺骨を抱いて、忿懣《ふんまん》やるかたない父君の当時の心情をおもいやる息子の言葉は、どんな烈しい弾劾よりも、ぐさりとこちらの胸を刺した」と記している。骨つぼに収めきれなかった遺灰を、父親は玄界灘に撒き散らしたという。

尹東柱の命日にあたる二月十六日には、延世大で追悼式典が例年開催されている。日本でも、留学先として学んだ立教大が「尹東柱国際交流奨学金」を設置。同志社大にも詩碑が建てられた。日本の植民地支配の犠牲となった尹東柱は、日韓をつなぐ役割を果たしている。

ところで、ここで引用した伊吹郷氏の訳については異論が出されている。「生きとし生けるものをいとおしまねば」という伊吹氏の訳に対し、「すべて死にゆくものを愛さねば」とすべき、というのが主な主張だ。尹東柱の詩はすべてハングルで書かれているため、私たちは翻訳で読むことになるが、それをめぐって論争があることは知っておくべきだろう。この論争については徐京植「母語という暴力――尹東柱を手がかりに考える」（『植民地主義の暴力』高文研）などが詳しい。

（5）キリスト教受難の歴史――天主教殉教聖地切頭山

韓国には、いたるところに教会がある。ソウルの中心部はもちろん、船で何時間もかかる小さな島にも、教会は必ずといっていいほど設置されている。夜になれば、街のどこかには赤い十字架のマークが点灯しており、そこが教会であることがわかる。日曜の午前中になれば、ミサのため教会にたくさんの人が集まる。大規模な教会になれば、ボランティアの信者が路上に出て、交通整理にあたることも珍しくない。多くの人がミサに行くため、日曜の午前中は交通量も比較的少なく、行楽地に行くには狙い目の時間とも言われる。

韓国では約半数の人が宗教を持つといわれ、そのうち仏教徒とキリスト教徒が約三割ずつを占める。一般に韓国で「キリスト教」というとプロテスタントを指し、カトリックは「天主教」と呼んで区別している。教会も、プロテスタントの教会を指し、カトリックでは「聖堂」とされる。これは、韓国ではプロテスタントがカトリックよりも多数派であることと関連している。

韓国でのキリスト教は、仏教と並んで政治的影響力も強い。それぞれの宗派が保守的、革新的などの政治的傾向を持ち、時の政権に対して賛成、反対の姿勢を明確にしている。日本人観光客が数多く集まる明洞《ミョンドン》地区にあり、韓国カトリック界のシンボル的存在となっている「明洞聖堂《ミョンドンソンダン》」

（一八九八年完成）は、一九七〇年代から八〇年代にかけて、軍事独裁政権に反対する民主化運動家たちが集結する場所となっていた。軍事政権といえども、教会に踏み込むことはできず、一種の「解放区」がつくられた。時代とともにこうした雰囲気は薄らいだが、それでも野党系の集会が開かれたり、警察に追われた市民運動家が逃げ込んで籠城するといったケースは近年でもみられている。

韓国カトリック界のシンボル的存在・明洞聖堂

ちなみに、仏教では韓国全土に一万カ所以上の寺《じ》刹《せつ》と二万人以上の僧侶がおり、長い歴史を持った寺刹も少なくない。仏教界で八割以上と最大勢力を誇っているのが禅系の曹渓宗《そうけいしゅう》だ。本山は日本人観光客も数多く訪れる仁寺洞《インサドン》の近くにあり、常に読経がされ、信者たちが訪れている。また、北朝鮮にも独自のルートを持ち、人道支援などを行うほか時々の政治課題にも発言し、寺院の敷地内には政権批判のスローガンが掲げられていることもある。

漢江のほとりにある切頭山。数多くのカトリック教徒が処刑された。

　韓国のカトリックにとって、殉教地として現在も数多くの巡礼者が訪れるのが「天主教殉教聖地 切頭山《チョルトゥサン》」だ。漢江のほとりにあり、美しい緑に囲まれた公園のような場所だが、興宣大院君《フンソンデウォングン》によって迫害を受けたカトリックたちが、首を切られて処刑された場所でもある。「切頭山」という名前は、この場所で起きた悲劇そのものを端的に言い表している。

　朝鮮でキリスト教の布教がなされたのは十七世紀のはじめごろとされている。プロテスタントの布教は後発で、当時はカトリックが大きな勢力を持っていた。だが、一八六四年に高宗《コジョン》が国王に即位し、実権を握った父親の興宣大院君は、キリスト教への弾圧をはじめる。そのきっかけとなったのは、一八六四年にロシアが朝鮮北部に来航して通商を要求したことだった。

大院君は、カトリックの力を借りて英仏と三国同盟を結べば、ロシアの南下政策を押しとどめられるとの進言を受けた。だが、その言葉に従っても事態は好転せず、逆に大院君とカトリックの近い関係が噂されるようになった。そうした中、清国でのカトリック弾圧の動きもあり、大院君は大勢に従おうとカトリックの弾圧に乗り出したのだった。

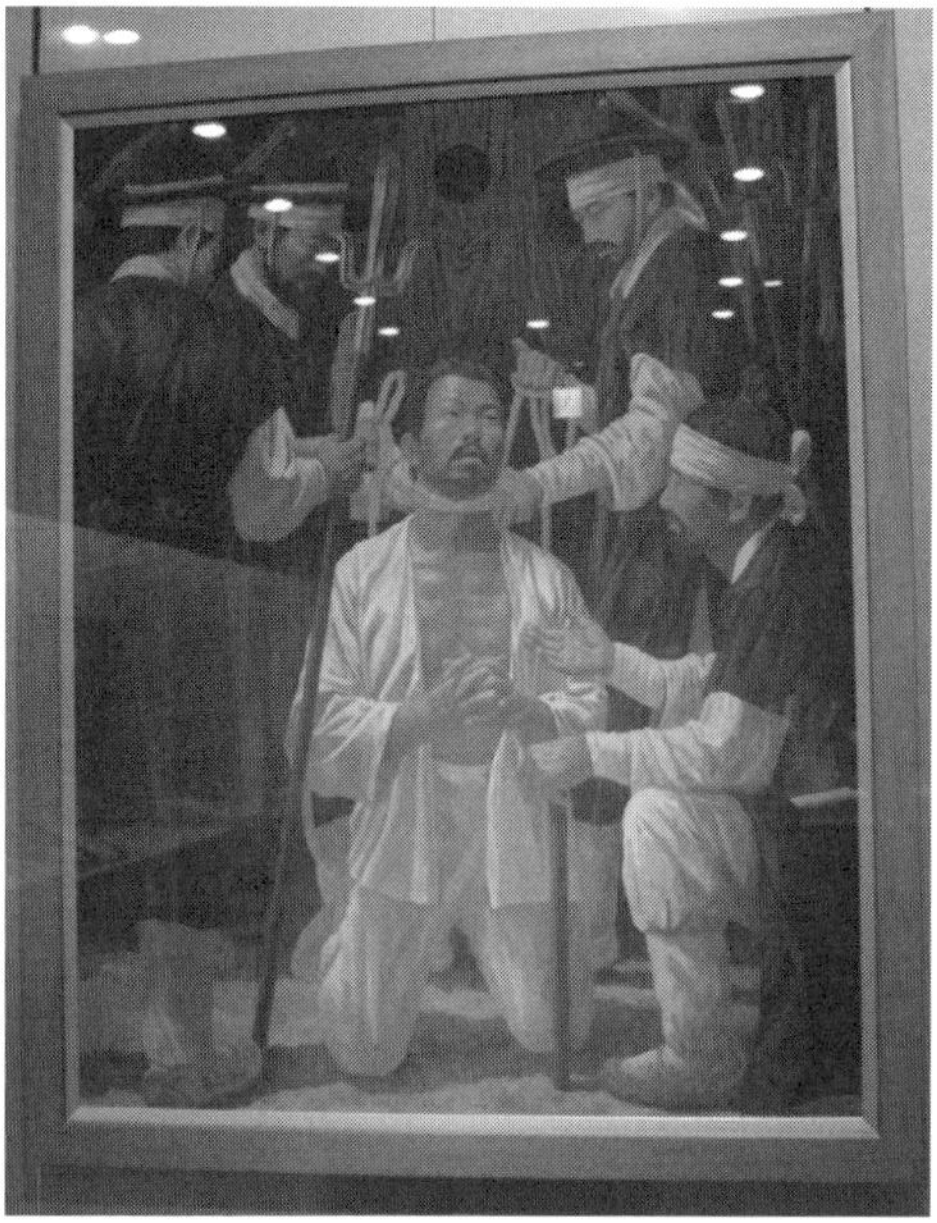
切頭山で行われた処刑の様子が描かれた絵画

一八六六年にはフランス人宣教師を含む宣教師と八千人以上の信者が虐殺される事件（丙寅迫害）が起き、脱出した宣教師によってこの事実がフランスの知るところとなる。フランスは艦隊を出して漢江をさかのぼり、さらには江華島《カンファド》を一カ月間占領する事態となった（丙寅洋擾）。フランス軍は、撤退の途中で江華城の建物に火を放ち、膨大な宝物や書物などを奪って中国へ引き返した。この結果、大院君は鎖国政策を強化するとともに、カトリックの弾圧に拍車をかけることとなった。

この際にフランスが奪った文書などは、その後も両国間の外交問題として残り、

韓国初の神父で殉教者でもある金大建神父の銅像

二〇一〇年十一月に李明博《イミョンバク》大統領とサルコジ大統領との会談で、フランスが韓国に「貸与」する形での引き渡しで最終決着。フランスの国立図書館に所蔵されていた王室図書二百九十六冊が二〇一一年十一月までに、順次韓国へ戻された。戻された際にソウルで開かれた式典には李大統領夫妻のほか、研究者や政府関係者らが出席し、王室図書は周辺の道路を一時通行止めにして景福宮まで運ばれた。

切頭山にある博物館までの階段を上ると、まずは屋根から重々しく垂れ下がったいくつもの鎖が目に入ってくる。これは、殉教者たちの苦しみを表したものだという。博物館の中に入ると、どのフロアにもボランティアの信者の女性たちが待ち構えており、分厚い資料を片手に展示資料に詳しい説明を加えてくれる。日曜日には、日本語の堪能な信者が日本語でガイドをしてくれる。博物館には、約三六〇〇点の資料が保管されており、一定の周期ごとにテーマを設けて資料を入れ替えて展示しているという。

切頭山の真ん中には、十字架にかたどられた芝生の中央に、金大建《キムデゴン》神父の銅像が立っている。韓国初の神父であり殉教者だ。この前で祈りを捧げ、斜め向かいのマリア像の前でも祈りを捧げていく信者の姿が多く見られる。ここで祈りを捧げずにカメラ片手に通り過ぎようものなら、信者たちから冷たい視線を投げかけられるので要注意だ。切頭山を一回りとすると、いたるところに殉教者たちの銅像が建てられており、信者とみられる人たちが散策している。入口の教育館に行くと、簡単なパンフレット（韓国語版のみ）がもらえるので、参考になる。

切頭山を後ろにして、最寄りの合井《ハプチョン》駅までの道の途中には「外国人殉教宣教師百周年記念館」があり、外国人宣教師たちの歴史をさらに詳しく知ることができる。

Ⅶ ソウル郊外
～ One day trip from ソウル～

江華島の広城堡に残る砲台

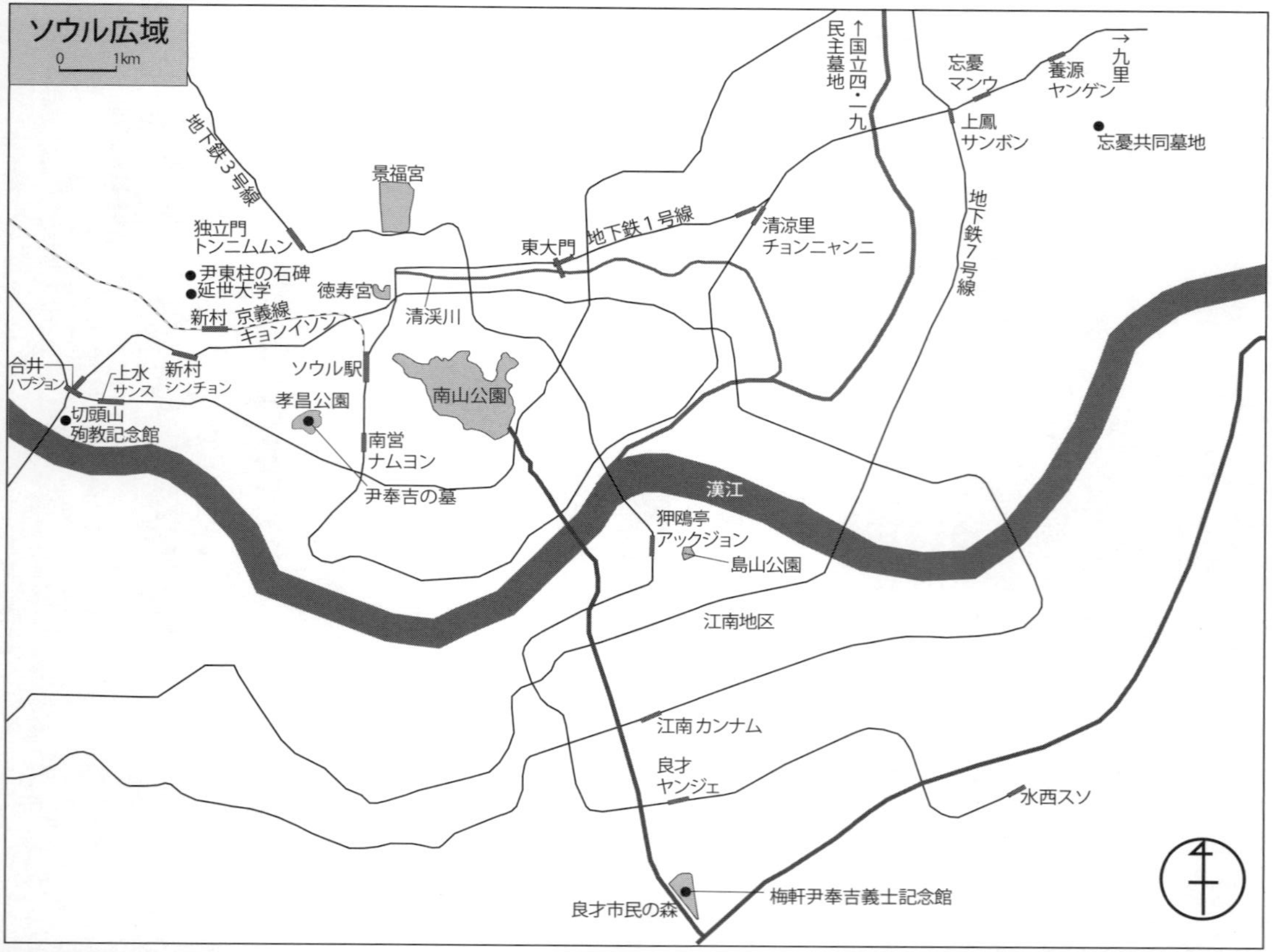
ソウル広域
0
1km
地下鉄3号線
景福宮
独立門
トンニムムン
尹東柱の石碑
延世大学
徳寿宮
新村
京義線
キョンイソン
合井
ハプジョン
上水
サンス
新村
シンチョン
ソウル駅
清渓川
東大門
地下鉄1号線
清涼里
チョンニャンニ
↑国立四・一九
民主墓地
忘憂
マンウ
養源
ヤンゲン
→九里
上鳳
サンボン
忘憂共同墓地
地下鉄7号線
切頭山
殉教記念館
孝昌公園
南山公園
南営
ナムヨン
尹奉吉の墓
漢江
狎鴎亭
アックジョン
島山公園
江南地区
江南 カンナム
良才
ヤンジェ
水西スソ
良才市民の森
梅軒尹奉吉義士記念館

(1) 尹奉吉《ユンボンギル》と安昌浩《アンチャンホ》――二人の独立運動家の生涯

ソウルの中心部から南に向かって漢江《ハンガン》を越えると、江南《カンナム》地区が広がる。ソウルでも富裕層が数多く住む場所とされ、高層ビルや高級マンションが建ち並び、光化門《クァンファムン》や明洞《ミョンドン》地区などとは違ったにぎわいと活気を見せている。

その江南地区に、二人の独立運動家の像が別々の場所に建っている。一九三二年四月二十九日に上海で日本軍幹部らを狙った爆弾事件（上海天長節爆弾事件）を起こした尹奉吉《ユンボンギル》と、独立運動の思想的、精神的支柱とされた安昌浩《アンチャンホ》だ。いずれも韓国では著名な独立運動家として名高いが、その手法は対照的だ。

☸ 爆弾事件に殉じた尹奉吉

一九〇八年に韓国中部の忠清南道《チュンチョンナムド》に生まれた尹奉吉は、十代から農民運動や民族運動に傾倒していたとされ、一九三〇年には中国に渡って大韓民国臨時政府のあった上海に入る。そこで金九《キムグ》の組織した抗日武装組織韓人愛国党に参加し、爆弾事件に関与することになる。

日本軍は一九三二年一月二十八日に上海で中国軍と武力衝突する（第一次上海事変）。きっかけ

梅軒尹奉吉義士記念館にある尹奉吉銅像

は、日本人僧侶の殺害だったが、実際は日本軍将校による謀略だったことがわかっている。しかし、間もなく停戦となり、その停戦協定中の四月二十九日、日本側は虹《ホン》口《キュー》公園で天皇誕生日を祝う記念式典を開いた。そこに集まる日本軍幹部らを標的にした爆弾テロの実行犯として、尹奉吉は自ら志願した。式典の最中、日本軍幹部らが居並ぶ壇上に近づいた尹奉吉が投げた弁当箱状の爆弾が炸裂。上海派遣軍司令官の白川義則、上海日本人居留民団行政委員長の河端貞次が死亡したほか、海軍中将野村吉三郎や上海駐在総領事村井倉松など、多数を負傷させた。後の一九四五年九月、東京湾の米国戦艦ミズーリ艦上で、日本政府代表として降伏文書に署名した重光葵外相（当時）が杖をついているのは、このとき上海総領事館公使を務めていた重光が、爆弾によって片足を切断したためだった。

尹奉吉はその場で日本憲兵に逮捕され、五月には軍法会議で死刑宣告。十一月に大阪へ移送され、十二月には陸軍第九師団の駐屯地である石川県金沢市へ連行。十二月十九日に陸軍施設内で銃殺刑にされた。遺体は、多くの人が踏み付けて歩くようにと、陸軍墓地の通路に埋葬された。しかし、この遺骨は在日韓国人らによって一九四六年に掘り起こされて、ソウルに持ち帰られて葬儀が営まれ、国立墓地に埋葬された。一九六二年には尹奉吉に韓国政府から建国勲章が贈られた。さらに、江南地区にある「良才《ヤンジェ》市民の森」には一九八八年、尹奉吉に関する資料を集めた「梅軒《メホン》尹奉吉義士記念館」が開設された。「梅軒」とは尹奉吉の号で、二十五歳で銃殺刑に処されるまでのさまざまな記録が展示されている。銃殺刑にされる直前と直後の写真も掲げられ、見る者に強い印象を与えている。

同記念館に置かれている日本語パンフレットには、尹奉吉による爆弾事件の「成果」として「国際都市上海を占領した日本軍の動きを全世界が注視する中、日本軍侵略の総司令官などその司令部をすべてせん滅したのは全世界を驚かせ、韓国民族の不屈独立精神と鮮烈な独立運動を全世界に広く知らせる大きな成果を上げた」などと記されている。

尹奉吉が銃殺刑となった金沢には、一九九二年に祈念碑が建立された。梅軒記念館の女性職員は、私が日本人とわかると「金沢とは石川県の中にあるのですか。行かれたことはありますか」と、笑顔で問いかけてきたのが印象的だった。

❁ テロを否定した安昌浩《アンチャンホ》

高級ブランドショップや美容整形外科、洒落たレストランが建ち並び、江南地区で特にきらびやかなイメージのある地下鉄三号線「狎鴎亭《アックジョン》駅」。そこから近い場所にある「島山公園《トサンコンウォン》」は、安昌浩をたたえて一九七三年に整備された。「島山」は安昌浩の号で、多くの人が訪れる公園内には、「島山安昌浩記念館」があり、銅像が建てられている。

その公園内に置かれている石碑には、安昌浩の残した言葉が彫られている。

君は国を愛しているか
それならばまず君が健全な人格となれ
私たちの中に人材がいないのは
人材になろうと心に抱き努力する人がいないからだ
人材がいないと嘆いているその人自身が
なぜ人材になる勉強をしないでいるのか

（筆者訳）

狎鴎亭にある島山安昌浩記念館

安昌浩は、国家や民族のため、空理空論に走らずに尽くすことのできる人材が必要と主張し、反日武装テロの路線とは明確な一線を引いていた。独立運動家としての意志を貫いたものの、日本人を卑下する「倭奴《ウェノム》」という言葉は決して使わず、「日本人《イルボンサラム》」と言って、相手に一定の敬意を払うことを忘れない人物だった。

安昌浩の活動は、秘密組織「新民会」を結成し、上海大韓民国臨時政府の閣僚として独立運動グループの大同団結を目指したほか、金九、呂運亨《ヨウニョン》などのリーダーを育成した独立運動家としてだけにとどまらない。韓国で最初の男女共学の私学「斬新学校」など、三つの近代的学校を設立した教育運動家であり、韓国最初の青年団体「青年学友会」や修養団体「興士団」を設立した青年運動指導者であり、韓国で最初の株式会社を設立して、出版なども手がけた

島山安昌浩記念館にある安昌浩の像

実業家でもある。また、アメリカを中心に韓国人団体をつくり、生活改善運動にも尽力した。

日清戦争が勃発して、国土が荒廃するのを目の当たりにした若き日の安昌浩は「外国が勝手に国土に入って我が物顔に振舞うのは国力がないためだ」と悟る。国家の独立に関しても、力のなさがそのチャンスを逃したとの反省が安昌浩の独立運動のスタイルを決定していく。二十代半ばでアメリカに渡り、一九〇五年に共立協会を組織した。「島山」という号は、アメリカ航行の途中に見た、大海の中に聳え立つハワイの島をみて、そのような人物になろうとしてつけたものだという。だが、祖国が亡国の危機に瀕しているのを見過ごせず、一九〇六年に帰国する。安昌浩は各地を講演して政府の腐敗と堕落を糾弾しながら、無気力な国民を嘆き悲しみ、独立を維持できるだけの力を養おうと訴えた。

安昌浩は、緊急を論じて何の方策もとらずに組織を旗揚げして失敗するという繰り返しが、これまでの独立運動ではなかったかとして、方法論の見直しを痛烈に迫った。しかし、守旧派を打倒して政権を掌握し政治を革新すべきと主張する急進派は、民力を培養するという主張が生ぬるいと批判した。安昌浩は、自分の主張に従って教育や産業振興の運動を展開するとともに、住宅の改良、模範農場の建設、国歌の普及運動など、さまざまな国民運動を展開していった。

そうした中、一九〇九年初代の朝鮮統監だった伊藤博文がハルピンで安重根《アンジュングン》に暗殺される。安昌浩は、背後で関与していたのではないかと疑われて日本の官憲に逮捕され、三カ月にわたる激しい拷問を受ける。その結果、安昌浩が創立した抗日秘密結社「新民会」は、韓国内で国権回復運動をこれ以上続けるのは不可能と判断。韓国外に拠点を設けて、日本への抵抗を続けていくことにし、自身もアメリカに亡命する。

一九一九年に三・一独立運動が起きると、これを全世界に知らせる外交活動を展開し、その後、中国に渡って上海臨時政府の立ち上げに加わった。その上海で、一九三二年、尹奉吉による虹口公園の爆弾事件に連座して逮捕され、朝鮮に送還されて再び三年間の獄中生活を送った。仮釈放後の一九三七年、またも逮捕されて投獄されるが、病を患って一九三八年に仮釈放。同年三月に肝硬変で死去した。

安昌浩は、朝鮮独立には「民族改造」が必要と主張し、愛国啓発運動によって人々の覚醒や教育が必要と説いた。たゆまぬ実践を基本とした安昌浩の精神は現在も多くの人に影響を与えている。二〇〇七年末の大統領選で李明博《イミョンバク》氏が当選した際、各紙に掲載された人物紹介では、「尊敬する人物」の欄に、ガンジーと並んで安昌浩の名前が挙げられていた。

(2) 天安《チョナン》の独立記念館——植民地支配の歴史を概観する

ソウルから鉄道や高速バスで約一時間半。忠清南道天安市は、近くに韓国最古の温泉として知られる「温陽《オニャン》温泉」があり、日帰り観光に適した場所の一つだ。

その天安市郊外に、日本の植民地支配に対する独立運動などの歴史をつづった「独立記念館」がある。四〇〇万平方メートルの広大な敷地内には、民族伝統館をはじめとする七つの展示場と円形劇場、特別展示室などが設置され、正面のゲートから展示館入り口まで徒歩五分以上かかる広さとなっている。すべての展示物をくまなく見ようとするなら半日以上はかかり、最低でも数時間は必要だ。時間に限りがある場合は、事前に展示内容の情報を集め、見るところを選んでおくことが大切だろう。独立記念館のホームページ(http://www.independence.or.kr/html/kr/index.html)には日本語による解説もあり、参考になる。

独立記念館の中核をなしているのが、七つの展示館だ。それぞれの建物は分かれているが、連絡通路によってつながっている。最初にある展示館が「同胞の根」。二〇一〇年五月にリニュー

大韓民国全図

アルされ、先史時代から朝鮮王朝後期までの文化発展などについて記されている。諸外国からの脅威に、いかに立ち向かってきたかについて比重が置かれているのも特徴だ。

日本の植民地支配について、詳しく展示されはじめるのが第二館「同胞の試練」からだ。日本帝国主義による植民地支配が強まった一九〇〇年前後からの歴史について触れられ、当時の街角の様子や日本憲兵の姿、第二次日韓協約の交渉現場の再現模型などが展示されている。この時代の独立運動については、続く第三館「国を守る」で主に触れられている。義兵運動や愛国啓発運動など、日本の支配から国を取り戻すために立ち上がった人たちについて、音声ガイドや

天安にある独立記念館は、広大な敷地を誇っている。ぜひ訪れたい場所だ。

人形などを用い、わかりやすく説明している。安重根の肉筆やハーグ特使が携えた文書など、貴重な資料も見逃せない。

第四館「同胞の叫び」では、一九一九年の三・一独立運動に関係する資料が展示されている。何人もの人々が折り重なるように独立を叫ぶインパクトの強い模型が置かれた「叫びの広場」が中心になっており、運動の詳しい経緯などが記されている。

さらに、第五館「国を取り戻す」では、中国をはじめ韓国内外で起きた武装独立闘争の様子が紹介されている。三・一独立運動で名を馳せた柳寛《ユグアン》順《スン》が天安の出身だっただけに、彼女に関する詳しい紹介もある。以前は、これらの館では日本の官憲が独立運動家に激しい拷問を加えている様子などが、ろう人形で生々しく再現されていたが、こ

独立記念館に展示されている独立運動家たちの像

うした展示物はほとんど姿を消している。

第六館「新しい国づくり」では、知識人や学生、農民などのさまざまな社会階層がどのように独立運動を行ったかを展示。李承晩や金九などが参加し、一九一〇～一九四〇年代にかけて活動を行った上海の大韓民国臨時政府に関する資料も見ることができる。臨時政府幹部らの人形を一堂に会した展示もなかなかの迫力だ。

最後の第七館「共に行う独立運動」では、銃模型の射撃など様々な設備を通して独立軍の活動を体験することで、独立運動史を理解できるように構成されている。このほか、立体映像資料館やタッチパネル式の映像資料など、さまざまな展示物が置かれているのも特徴だ。展示物は数年ごとにリニューアルされ、時代によって姿を変えていっているという。

展示館から徒歩5分ほどの場所にある、朝鮮総督府の塔の先端がおかれた広場。

展示館のほか、ぜひとも足を運んでほしいのが、展示館などのある場所から歩いて五分ほど離れた場所にある広場。ギリシャの古代劇場を連想させるような石造りの円形の場所があり、その中心部分には塔のようなものが置かれている。これは、景福宮にあり一九九五年に解体された「朝鮮総督府」の塔の先端部分と残がいで、その資材を用いて作られた広場だ。周囲には、総督府から切り取られた残がいが、モニュメントのように無造作に置かれている。詳しい案内板もなく、訪れる人もあまりないが、朝鮮総督府の残がいを見ることができる貴重な場所だ。このほか、敷地内には、国を愛した独立運動家たちが遺した言葉や詩が刻まれた碑九十三個が置かれている。

日本の植民地支配への闘いなど、朝鮮民族の独立運動についての歴史を概観できる独立記念館は、日本人が通常訪れる観光地とは一味違うが、十分に足を運ぶ価値がある。日本官憲の残虐さを強調したろう人形の展示など、政治的論争の的になることもあったが、貴重な資料が多数展示されていることは確かだ。このほか、日韓が領有権を主張する竹島（韓国名・独島《トクト》）に関しても、歴史的経緯などを記した資料が展示されている。もちろん、韓国政府が一貫して主張している「独島は固有の韓国領」といった立場からの展示だが、韓国の主張をまとめて知ることができる。

一方で、知っておきたいのが、独立記念館が設置された背景だろう。独立記念館が開館したのは一九八七年。時の大統領は、民主化を求める多くの市民が犠牲となった一九八〇年の光州《クアンジュ》事件で、弾圧の指揮を執ったとされる全斗煥《チョンドファン》氏だ。一九八二年、日本が高校の歴史教科書検定で、日本軍の中国侵略について「華北に侵略」を「華北に進出」と書き直させたとの報道を発端に、中国と韓国が「侵略の歴史を歪曲している」と強く反発。この「教科書問題」をきっかけに、民族独立の歴史を知ることのできる博物館を作ろうと、百パーセント国民の募金によって作られた。その背景には、教科書問題の日本批判が、軍事独裁政権への批判に飛び火することを防ごうとする全斗煥政権の思惑が読み取れる。日本という「敵」をつくることで、対立してきた「国民」と「政府」を一体化しようとしたのだ。そう考えると、民衆は常に政治に利用され、翻弄されてきたことになる。広大な展示館は、そうした韓国政治の負の側面も物語っている。

（3）浅川巧の墓——朝鮮文化を愛した日本人

ソウルの東端にある中浪区《チュンナン》は、京畿道《キョンギド》と隣接し、美しい山々に囲まれた地区として知られる。烽火山《ポンファサン》、龍馬山《ヨンマサン》といった山々が街を包んでいるが、その一つである忘憂山《マンウサン》にある墓地には、一人の日本人が眠っている。日本の植民地時代に朝鮮半島へ渡り、現地で陶磁器の魅力に目覚め、朝鮮文化の保護と育成に努めた人物、浅川巧だ。

忘憂山の共同墓地には、日本の植民地時代の独立運動家や詩人など、著名な韓国人たちの墓があることで知られているが、その中で、巧は唯一の日本人だ。

朝鮮が日本の植民地だった一九一四年、巧は朝鮮総督府農商工部山林課の職員として朝鮮半島に赴いた。日本人が朝鮮の人々にとって憎悪の対象だった当時、「日本帝国主義」の代名詞であった朝鮮総督府の職員だった巧が、なぜ韓国人の手によって手厚く葬られているのだろうか。

巧は一八九一年一月十五日、山梨県北巨摩郡《きたこまぐん》甲村（現在の北杜市高根町五町田）に生まれた。生前に父を亡くした浅川にとって、父代わりとなったのは七歳年上の兄、伯教《のりたか》だった。教員となった伯教は、弟を県立の農林学校に進ませ、学費など一切の面倒を見た。その兄が一九一三年、朝鮮陶磁器への魅力にひかれて朝鮮半島へと渡ったのをきっかけに、巧も一九一四年五月、兄を

追うようにして朝鮮の土を踏んだ。

巧はソウル郊外にある林業試験所に配属され植林を任された。赤土がむき出しとなっている禿げ山に緑を取り戻すことが仕事だった。全国を巡って木の種類を選び、植樹を続ける一方、自然な状態の土の力を生かす「露天埋蔵発芽促進法」で朝鮮五葉松の種子を芽吹かせる方法を開発。これによって、朝鮮五葉松の苗木を育てる期間が二年から一年に短縮され、現在の韓国の人工林のうち四割近くに、浅川巧の技術が反映されているという。

朝鮮での巧は、仕事や生活全般にわたって「自分が朝鮮にいることによって、何か朝鮮のお役に立ちたい」という姿勢を貫いた。民芸運動家で親交のあった柳宗悦《やなぎむねよし》の手紙に、巧は次のように書いている。

「私ははじめ朝鮮に来た頃、朝鮮に住むことに気が引けて、朝鮮人に済まない気がして、何度か国に帰ることを計画しました」

当時の朝鮮では、日本は独立運動などを弾圧する政策をとり、朝鮮人は被支配民として苦渋を味わっていた。感受性豊かな巧は、自らを支配の側にいる者として彼らの前に出ることに耐えられなかったのだろう。そうした気持ちを埋めるかのように、巧は朝鮮語の習得に励む。朝鮮人の町でオンドル（床暖房）部屋に住み、韓服（韓国の民族衣装）を着て朝鮮人と同じように髪を結い外出した。日本が朝鮮を日本に同化させようとしていたときに、巧は自らを朝鮮に同化させようとしていたのだった。

巧は山林事業に従事する傍ら、陶磁器の収集に情熱を燃やした。その後、柳宗悦との出会いにより、一九二四年には共同で朝鮮民族美術館（現在の国立民俗博物館）を設立した。「朝鮮の文化は中国の亜流」という日本の主張に反論し、朝鮮文化の独自性を主張した巧は、著書で「疲れに疲れている朝鮮よ、他人のまねをするよりも、今ある大切なことを失わなければ、近く自信に満ちた日が来るだろう。これは、工芸に限ったことではない」と記している。

巧は一九三一年四月、四十一歳の若さで肺炎によって死去した。巧の葬儀には土砂降りの雨にもかかわらず、大勢の朝鮮人たちがひつぎを担ぐことを志願し、交代で担いだという。「自分は死んでも朝鮮にいるだろう。朝鮮式に埋めてくれ」という巧の遺言に基づき、葬儀は全て朝鮮式

忘憂共同墓地にある浅川巧の墓

で執り行われ、朝鮮服に身を包まれた浅川巧は、朝鮮の土となった。

総面積八十三万平方メートルに及ぶ忘憂公園《マンウコンウォン》に入ると、入り口には、登山客やサイクリングの格好をした人が目につく。晴れた日に忘憂山からソウルを見渡す景色は絶景で、公園や共同墓地というよりは、忘憂山と呼ぶのが一番しっくりくる。この共同墓地には約一万七千の墓が山道の左右に建てられているが、浅川の墓がどこにあるのか、わかりやすい目印はない。歩きながら探すのはかなりの困難が伴う。浅川の墓地の目印は「同楽《ドンラク》泉《チョン》ヤクスト（동락천약수터）」だ。これは地図にも表示されている薬水《ヤクス》の飲める場所のひとつで、この水飲み場を正面にして、巧の墓は右から二番目のブロックの階段上にある。階段の上の部分

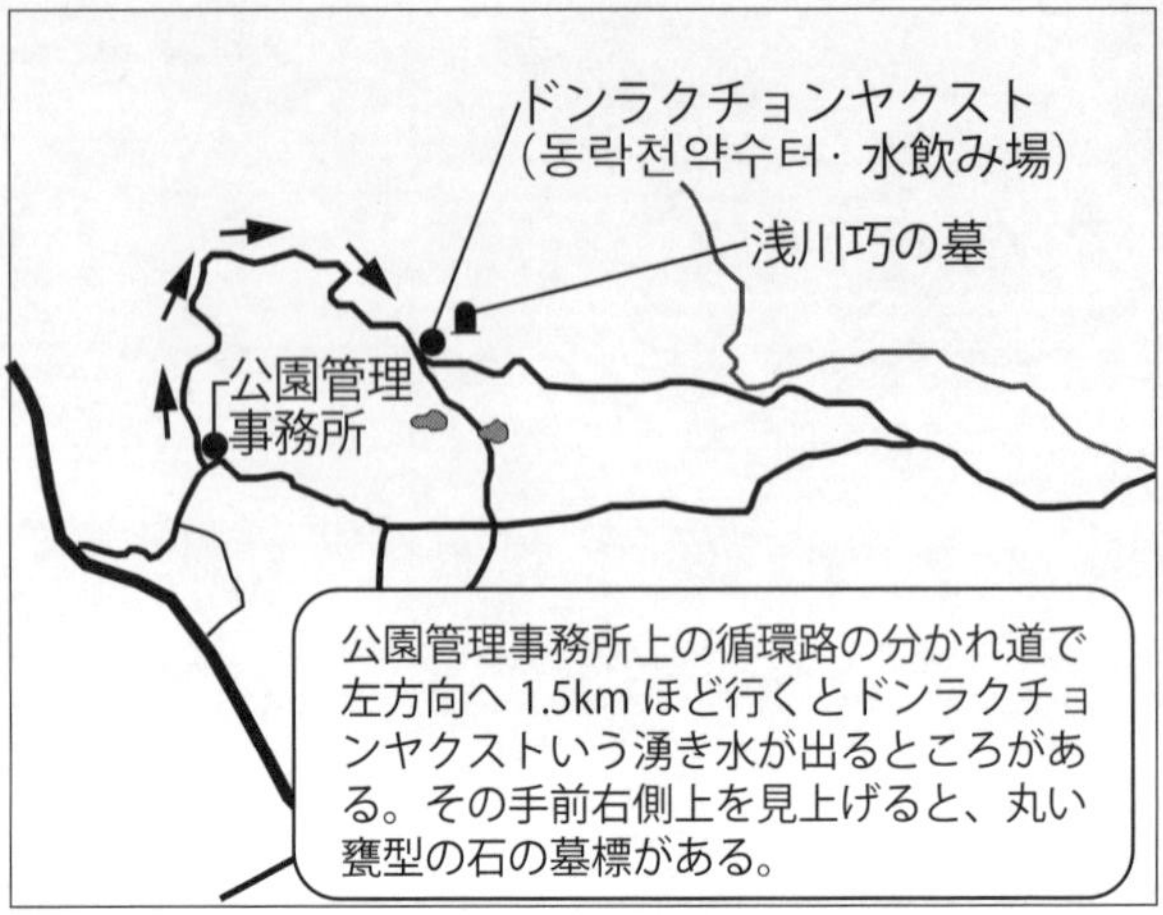
ドンラクチョンヤクスト
(동락천약수터・水飲み場)
浅川巧の墓
公園管理事務所
公園管理事務所上の循環路の分かれ道で左方向へ 1.5km ほど行くとドンラクチョンヤクストいう湧き水が出るところがある。その手前右側上を見上げると、丸い甕型の石の墓標がある。

忘憂（マンウ）公園内にある忘憂共同墓地・浅川巧の墓への地図

に、陶磁器のような形をした彫刻があり、これを目印にすればよい。

浅川巧の墓標には、こう書かれている。

韓国の山と民芸を愛し
韓国人の心のなかに生きた日本人
ここ韓国の土となる

（4）明成皇后と高宗の墓――雄大な皇陵

ソウルを東に抜けて京春線《キョンチュン》に乗ると、急に時間の流れが緩やかになる。京春線はソウルの東端の中浪区から江原道春川《チュンチョン》市まで伸びている路線で、次第に緑が増える風景とともに乗客の雰囲気もどこか和やかで、旅人の気分にさせてくれる。電車に揺られ、京《キョン》畿道《ギド》・南楊州《ナムヤンジュ》の金谷《クムゴク》駅で降りると、徒歩七～八分の距離に雄大な皇陵が広がっている。「洪陵《ホンルン》・

裕陵《ユルン》」と呼ばれる皇帝の墓で、明成皇后が高宗とともに合葬されている場所だ。

一八九七年の大韓帝国の設立宣言に伴い、「王」の時代から「皇帝」の時代へと転換したことを象徴し、明の皇帝・太祖の孝陵にならって皇帝式の墓「皇陵」が初めてつくられた。洪陵には高宗と妻の明成皇后、裕陵には純宗《スンジョン》と妻の純明孝皇后《スンミョンホファンフ》、純貞孝皇后《スンジョンホファンフ》が祀られており、ユネスコの世界遺産にも登録されている。

洪陵は一九一九年の高宗の死後、現位置に建造された。これを機に、一八九七年から清涼里《チョンニャンニ》に祀られていた明成皇后の墓は、風水上、不吉であるとの理由から、南楊州に移された。これまでの「王陵」の護石と羊石を両側に配置する形式とは異なり、キリン、象、ライオン、馬などの石像が入り口を守るように立ち並んでいるのが特徴だ。また、寝殿は長方形で、正面五間、側面四間の構造で建てられている。

道が分からないため、金谷駅でタクシーをつかまえた。日本人であることを告げると、まず「統一教会の方ですか」との質問が飛んできた。この地域には、日本で霊感商法などで話題となる新興宗教、統一教会の本部があり、仁川国際空港などからも直通のバスが出ているほどだという。そんなことを話しているうちに、数分で洪陵・裕陵に到着した。中はだだっ広い公園のような造りで、洪陵に行くまでに森林の中を歩くようになっている。澄んだ空気と静寂の中を歩くのは気持ちがいい。しかし、困ったことにアブが多い。それを振り払いながら進むと、急に視界が開

洪陵には、高宗・明成皇后が祀られている。ユネスコ世界遺産にも登録された。

け、洪陵が登場する。

入口から寝殿までの道には、左右対称で動物や兵士の石像が並び、歩いていると心なしか童心にかえるような気持ちにさせられる。寝殿の裏に回ると、すぐ目の前に洪陵が広がる。柵が設置されているために中には入れないが、寝殿に腰掛けて見ていると、静かに流れる木の香りとともに静寂な時間に包まれ、なんとも言えない風情が感じられる。王の墓は、京畿道に建てられることが多かったというのも納得できる。都会の喧騒から離れ、ここでなら心安らかに眠れそうだ。寝殿の右横には墓碑が飾られており、近くからの見学が可能だ。

裕陵は、一九〇四年の純明孝皇后の死とともに楊州郡・竜馬山に「裕康園」として立てられた墓が、一九〇七年に純明孝皇后が皇后として追葬されたことに伴い、「裕陵」との呼び名がつけられた。その後、一九二六年、純宗の死とともに現在の南楊州に場所が移され、合葬された。一九六六年に息を引き取った純貞孝皇后も、後に合葬され、現在に至っている。

明の孝陵をモデルに作られた皇帝陵である洪陵

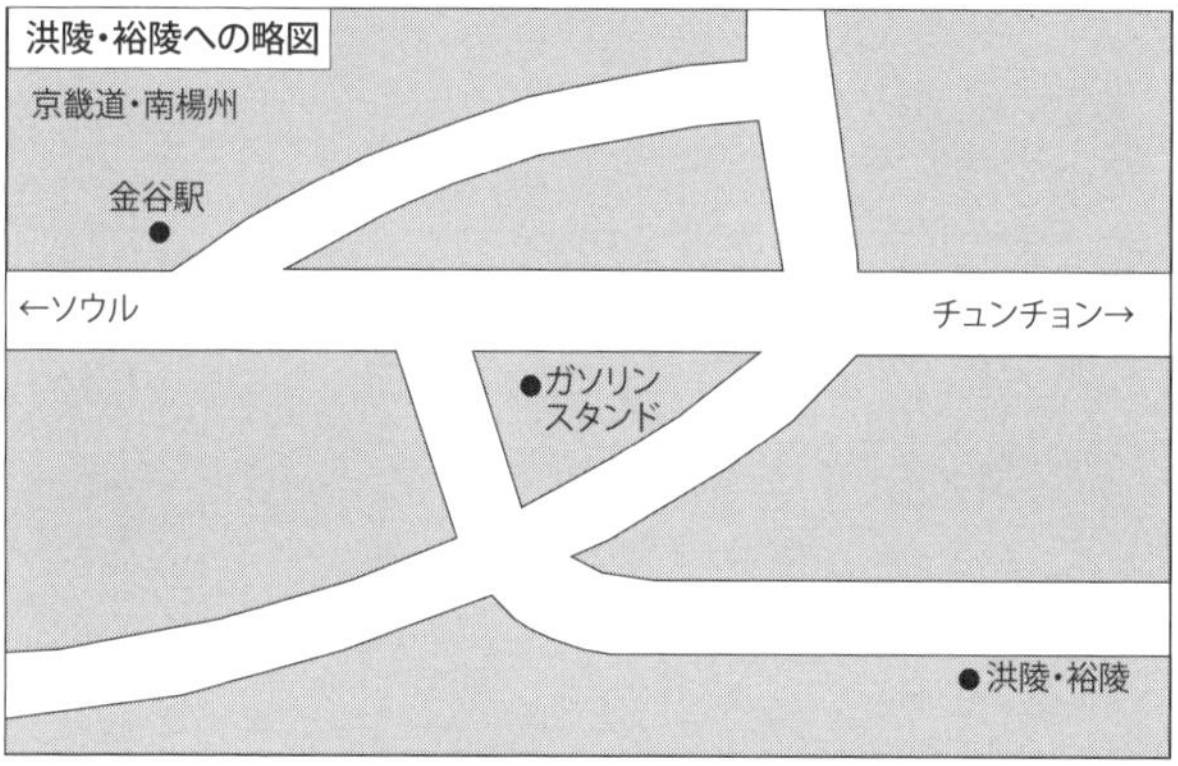

墓の造りは洪陵と酷似しているが、残念なことに寝殿の裏に回っても、墓はよく見えない。洪陵・裕陵では無料ガイドも実施しているので、興味のある人は、ガイドから説明を聞きながら回るのがいいだろう。

（5）江華島《カンファド》——歴史が凝縮された「要塞の島」

ソウルの中心部を流れる漢江に沿い、車で北西へ向かうこと約一時間半。「江華大橋《カンファデギョ》」または「草芝《チョジ》大橋《デギョ》」を渡ると、江華島に入る。江華大橋から入って間もなくのところにあるバスターミナル周辺には、街路で農作物などを売る市場が目につく。特産の高麗人参が売られている店も多く、どこかにぎやかな印象だ。

ソウル近郊に位置する江華島は、実に見どころの多い場所だ。古代の檀君神話で有名な摩尼山《マニサン》や青銅器時代の代表的な墓、支石墓（コインドル）のほか、城跡も点在。外国軍の侵略を受けたり、朝鮮戦争での激戦地だった歴史もある。日本の中学や高校の教科書で、江華条約（日朝修好条規）を結んだ場所として記されていることから、聞き覚えのある人も少なくないだろう。さらに、北部は北朝鮮に対峙し、軍事的な緊張感が漂う一方で、北朝鮮の集落を垣間見ることができる展望台も設けられている。自然の宝庫で、ハイキングやトレッキングが人気のスポットも数多くあるほか、江華島で捕れるウナギやエビは名物料理で、訪れる多くの人が舌鼓を打つ。

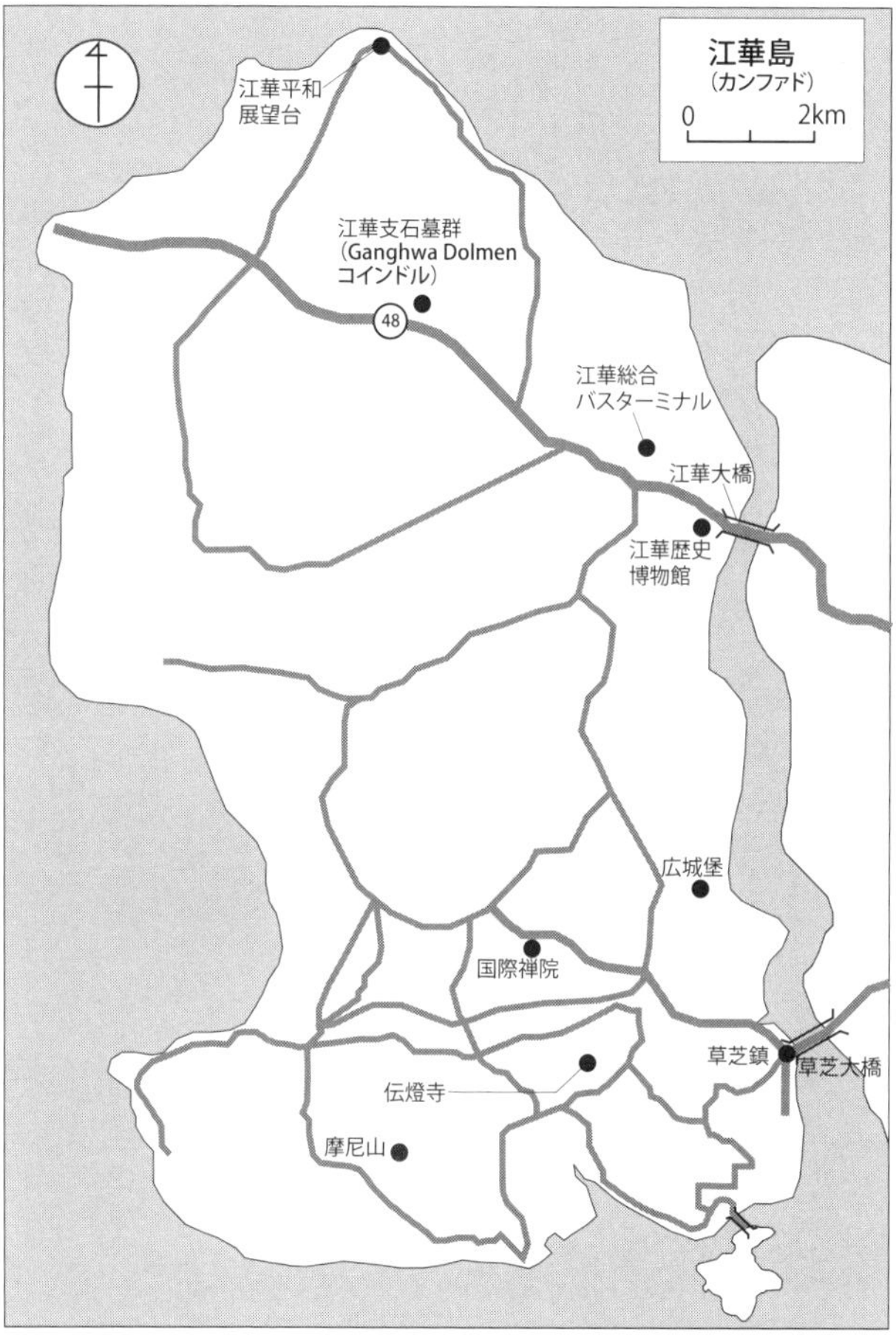

江華島にある支石墓は世界遺産にも登録されている。

❁ 支石墓（コインドル）と江華歴史博物館

支石墓とはドルメンともいい、世界各地でみられる巨石墓を意味する。著名なイギリスのストーンヘンジやイースター島のモアイ像もその一種で、全世界で確認されている支石墓は約六万基にのぼるとされている。そのうち、約二万五千基が韓国で見つかっている。江華島はその中でも支石墓が密集している地域で、紀元前二千五百年から紀元前千五百年頃に造られた支配階級の墓であると同時に儀式用の祭壇とされている。

支石墓には、石柱にテーブル状の石を載せた「北方式」と、短い石柱に石を載せ碁盤状に組んだ「南方式」の二種類がある。江華島の支石

江華島の歴史を一堂に集めて展示している江華歴史博物館

墓は北方式で、代表的な姿を見せているのが、富近里《プグンリ》地区にある「江華支石墓」（史跡第百三十七号）だ。高さ二・六メートル、長さ七・一メートル、幅五・五メートルで、テーブル上の石の重さは八十トン。石を置く作業には、五百人の成人男性が必要だったと言われている。そうしたことから、この墓は人口二千五百〜三千人ほどの集落の長だったと考えられている。

支石墓の周辺は「コインドル公園」として整備され、観光案内所で江華島に関する観光パンフレット（日本語版もある）を入手することもできる。また、公園の向かい側には「江華歴史博物館」があり、五千年の歴史と文化を誇る江華島の文化遺産を保存。青銅器時代から高麗時代、朝鮮時代、近現代までの歴史を知ることができる。アメリカとの修好通商条約草案など、貴重な資料も展示されている。

❁江華条約と草芝鎮《チョジジン》・広城堡《クァンソンボ》

江華島は「要塞の島」だ。北朝鮮を対岸にながめられることから、現在も軍事的な最前線として第一線の部隊が厳重に

元要塞の草芝鎮に置かれた大砲。江華島事件の舞台となり、雲揚号を砲撃した。

配備されている。だが、こうした島の性格は、朝鮮王朝時代から始まっていた。

漢江を伝ってソウル（漢城）への水路による侵攻を防ぐには、河口となる江華島の守りを強固にしようとした。台、堡、鎮と規模の大きさの順番（鎮が一番大きい）で基地を作り、江華島と本土の間にある狭い海峡を守った。

江華島周辺の海は干満の差が激しく、狭い海峡での海流はうねりとなる。外国からソウルに向かった船はこの海峡を通るしかなく、水深が浅くカーブの多い川のような海峡の流れは、大きな難所だった。自然によって航行の自由が制限される環境は、守備側にとっては好都合であり、朝鮮王朝はこの自然条件を有利に生かして防衛の要衝としたのだった。

こうした状況は現在も同じで、江華島に近い仁川国際空港周辺では、警察の部隊がホバークラフトを所有。干潮時には海面が一気に泥の砂浜となるため、ホバークラフトを使って警備している。

「要塞の島」としての側面を知るには、江華島の南東部にある「草芝鎮《チョジジン》」をまず訪れるのがよい。江華島内の公共交通機関での移動は不便なことから、訪れるにはタクシーを利用するといいだろう。草芝鎮はガイドブックや江華バスターミナルにある観光案内所などでもらえる地図には必ず掲載されており、運転手に示すと行ってくれる。

草芝鎮の砲台の胸壁。激しい戦闘の跡がうかがえる銃痕のある石垣や松の木もある。

草芝鎮は、一六五六年につくられ、高麗江華宮の外城を修繕して用いられたため城郭の構えをしており、中に入ると実物の砲台が設置されている。城壁の周りには、海峡に向けた砲台の跡もある。

この「草芝鎮砲台」が歴史上の大きな舞台となった

アメリカ兵と朝鮮兵が壮絶な闘いを繰り広げた、江華島の要塞・広城堡に復元された城門「按海楼（アンヘル）」

のは、一八七一年六月に、アメリカのアジア艦隊司令官ジョン・ロジャース率いる艦船との戦い（辛未洋擾《しんみようじょう》〈シンミヤンヨ〉）と、一八七五年九月二十日の日本の雲揚号《うんようごう》との戦いだ。特に、雲揚号との戦いは「江華島事件」として知られる。

雲揚号は朝鮮側に無断で漢江の河口に侵入した。このため、朝鮮側は草芝鎮から日本の艦艇に向けて砲撃。これを口実として日本側も応戦し、三日間にわたる交戦の末に、南部の永宗島《ヨンジョンド》へ陸戦隊を上陸させて占拠した。この戦いで朝鮮の兵士三十五人が死亡している。

日本側はこれまで、飲料水を得るためにボートに乗って江華島に近づいたところ、朝鮮側から砲撃を受けたと主張してきた。しかし最近、事実はそうではなかったことが明らかになっている。井上良馨《よしか》艦長の指揮する雲揚号は、初めから戦争を仕掛けるつもりで作戦を立て、初日は銃撃だけで終わったが、二日目は第二砲台に上陸して焼き払い、三日目は現在の仁川国際空港がある永宗島の第一砲台を攻撃、城砦を守っていた兵士約五百人を追い払ったという（中塚明『現代日本の歴史認識』高文研）。

翌一八七六年二月、日本は黒田清隆を特命全権大使とし、軍艦六隻を朝鮮に向かわせた。こうした軍事力を背景にした威圧的な交渉によって、同月に江華島で日朝修好条規（江華条約）を締結。これは朝鮮開港場での日本人の治外法権、釜山《プサン》、元山《ウォンサン》、仁川《インチョン》の三港の開港、日本商品に対する関税自主権の否定など、朝鮮側にとって不利な条約内容だった。

城壁と、その近くにある松の木には、当時の砲弾跡とされる痕跡が残されている。城壁の前の海峡は、現在も潮の激しい流れにより、ゴーッ、ゴーッという水流が聞こえてくる。その音に耳を澄ませていると、江華島事件当時の光景が蘇ってくるようだ。

草芝鎮から五キロほど北上すると、広城堡に至る。一六五八年に設置され、一六七九年にはより強固な要塞として整備された。埋め立てなどにより、当時の面影とは変わっているが、大砲の模型が設置され、当時の雰囲気を醸し出している。ここは、草芝鎮に激しい砲撃を加え、上陸に成功したロジャース司令官率いる千二百人余りのアメリカ海軍が、約三百人の朝鮮兵と壮絶な戦いを繰り広げた場所でもある。当時、アメリカと並んでフランスも軍艦を派遣して江華島を圧

最も北朝鮮に近い展望台といわれる江華平和展望台

迫。大院君政権に朝鮮の開国を迫ったが、こうした事態が大院君の態度を一層硬化させたとされる。

❁江華平和展望台

江華島北部にあるバスターミナルから車で約二十分。途中、軍の検問（パスポートや外国人登録証の提示を求められる）を抜けて民間人統制区域に入る。そこからさらに車を走らせると、右側には鉄条網が海岸沿いに連なり、その先に陸地が見える。そこはすでに北朝鮮で、もっとも狭い韓国側との海峡の幅は二キロほどだ。

その海峡沿いの小高い丘に建つのが「江華《カンファ》平和《ピョンファ》展望台《チョンマンデ》」だ。二〇〇八年七月にオープンしたこの展望台は、対岸にある北朝鮮の集落を間近に見ることのできる、韓国内でも数少ない場所だ。北朝鮮の黄海北道《ファンヘプクト》に位置する海岸には、穀倉地帯だけに田んぼが広がり、設置された双眼鏡からは、農作業に従事する人やあぜ道で遊ぶ子どもたちの姿が見える。天気がよく視界が良好な日なら、さらに詳しく北朝鮮の人々の様子を見ることができ、小学校から下校する子どもたちや集落の大人たちの、服の色まではっきりと確認することができる。

江華平和展望台からは天気がよければ北朝鮮の集落が見える。

　展望台には売店もあり、北朝鮮産の酒なども売られている。目の前に広がる漢江と臨津江《イムジンガン》が合流した大河と、その先に広がる北朝鮮の集落。そして、その上空を自由に飛び交う鳥たちの姿が、心に強く焼き付く。板門店や統一展望台からも北朝鮮をうかがうことができるが、それは特殊な側面が強く、こうした一般的な集落を見ることができるのは、日本人にとって貴重な場所と言えるだろう。訪問には許可などは必要ないが、江華バスターミナルからタクシーをチャーターするのが便利だ。

おわりに

特派員としてソウルに滞在中、他社の先輩記者に言われたことがある。

「十年前までは、韓国で仕事をしているというと『大変ですね』と言われた。だけれど、今では『いいですね』という答えばかり。本当に変わったよ」

韓国を初めて訪れたのは、大学三年生だった一九九三年。ハングルの知識もなく、ガイドブックを片手に歩き回ったが、日本人観光客は決して多くはなかった。日本で友人に「韓国に行って来た」といっても、さしたる反応はなかった記憶がある。

だが、そうした状況は「冬のソナタ」に代表される韓流ドラマの人気とともに、急激に変化した。一九八〇年代には韓国渡航者の一割程度にしか満たなかった女性の比率が、二〇〇八年には五〇%を突破。二〇〇七年にソウルに留学した時には、街中で見かける日本人観光客の多さに驚かされたが、二〇〇九年に特派員として赴任すると、その傾向はさらに強まっていた。休日の明《ミョン》洞《ドン》地区を歩くと、一緒にいた韓国人の友人が「独島《トクト》（日本名・竹島）の領有権は韓日がもめているけれど、明洞は日本領だね」と言ってしまうほどだった。

日本で韓国人歌手が人気を博してCDやDVDが飛ぶように売れ、人気の韓国人俳優が自殺した際には、日本からファンの女性たちが大挙して葬儀場に駆けつける。日本では韓流ドラマが次々とテレビで放送され、著名人によるソウルのガイド本がヒットする。先輩記者の言葉を裏付けるような数々の現象は、日韓が「近くて近い国」になったことを如実に示している。

交流の拡大とともに、日韓関係が深化していったのは歓迎すべきことだ。だが、韓国に駐在する日本人記者としては、どこかもどかしさも感じていた。多くの日本人観光客がソウル中心部のホテルに泊まり、明洞などで買い物や食事を楽しみ、二泊三日ほどの日程を終えてお土産を手に帰路へ就く。そこに映るのは「にぎやか」で「美味しい」韓国だ。メディアも、そうした韓国像を積極的に後押ししてきた。だが、韓国と日本というキーワードを紐解くと、日本による植民地支配やそれに対する抵抗といった、「重苦しい歴史」も浮かび上がってくる。

多くの場合、そうしたことは「面倒」で「興味のわかない」ことかもしれない。だが、隣国間に横たわる歴史を学ぶことは、日韓関係の「進化」と「深化」を同時に促すことにつながる。「韓流」だけが、日本人の知るべき韓国ではない。ソウル赴任中、芸能界の話題から政治の問題までさまざまな記事を書きながら、そうした思いを強めていった。

ソウルやその近郊には、日韓の近代史を知る上で重要な場所がいくつも点在している。そうした場所を実際に訪れ、エピソードとともに紹介するのが本書の目的だ。各地に足を運ぶことで新たな歴史の側面を知ることができたとともに、自らの不勉強を恥じることしばしばであった。高文研の飯塚直さんから『観光コースでない韓国』（小林慶二著）のソウル版を作りたい」という話をいただいたのが二〇一〇年。それから亀のような歩みの執筆だったが、度重なる叱咤激励によって書き進めることができた。また、写真撮影や取材には、大学の後輩でソウル在住の渡部睦美さんの多大な協力を得た。歴史考証については、元東京学芸大学教授でソウル大学教授も歴任された君島和彦先生に貴重なアドバイスをいただいた。こうした協力がなければ、本書は完成できなかった。このほか、力添えをいただいた多くの方々に、この場を借りて深く感謝したい。

登場するいくつかの場所には、息子の太一、娘の千夏と訪れた。小学二年生と幼稚園児（執筆当時）の二人からは、行く先々で「ここは何があったところ？」「この人は誰？」との質問を受け、わかりやすく説明することがいかに難しいかを実感させられた。平和な時代に父と手をつないで歩いたソウルの景色は、二人にどのように映ったのだろうか。いつか尋ねてみたいと、今から楽しみにしている。

二〇一二年一月

「おわりに」の追記

執筆の際に小学生と幼稚園児だった息子と娘も、今や中学生と小学生になった。ソウルで暮らした日々は過去になりつつあるが、妻も含めて韓国の風景や人々、そして味の記憶はまったく薄らいでいない。外交的な関係悪化が言われる時にこそ、国家による大文字の「歴史」だけではなく、街中にひっそりと残る史跡や、人々の暮らしを通した歴史を知ることの大切さを、ソウルでの思い出とともにひしひしと感じている。

今年9月より、ニューデリー特派員としてインドに赴任した。十三億人の人口がうごめくインドを拠点に、南西アジアの地から朝鮮半島を見つめるのも興味深いのではないかと思っている。

また、本書の増刷にあたっては、内容を再確認し、事実関係に沿って修正を加えた。そうした作業には、学習院大学東洋文化研究所の辻大和さんから力添えをいただいた。この場を借りて、深く感謝したい。

二〇一六年十一月

佐藤　大介

■さ■

三・一独立運動	サミルトンニッウンドン	삼일독립운동
支石墓（コインドル）	コインドル	고인돌
島山公園	トサンコンウォン	도산공원
粛靖門（北大門）	スッチョンムン(プッデムン)	숙정문（북대문）
徐載弼	ソ・ジェピル	서재필
奨忠壇公園	チャンチュンダンコンウォン	장충단공원
彰義門（北小門）	チャンウィムン(プッソムン)	창의문（북소문）
昌慶宮	チャンギョングン	창경궁
昌徳宮	チャンドックン	창덕궁
昭義門（西小門）	ソウィムン（ソソムン）	소의문（서소문）
鍾路	チョンノ	종로
仁王山	イナンサン	인왕산
仁寺洞	インサドン	인사동
水曜示威（水曜集会）	スヨシウィ（スヨジッペ）	수요시위(수요집회)
崇礼門（南大門）	スンネムン（ナンデムン）	숭례문（남대문）
清渓川	チョンゲチョン	청계천
西大門刑務所歴史館	ソデムンヒョンムソヨクサグァン	서대문형무소역사관
青瓦台	チョンワデ	청와대
切頭山	チョルトゥサン	절두산
草芝鎮	チョジジン	초지진
ソウル駅	ソウルヨッ	서울역
ソウル特別市議会	ソウルトゥッピョルシウィフェ	서울특별시의회
ソウル（市庁前）広場	ソウルクァンジャン	서울광장
ソウル大学校	ソウルテハッキョ	서울대학교
ソウルタワー	ソウルタウォ	서울타워

ハングル読み・表記対応表　※日本語読み五十音順

日本語読み	ハングル読み	ハングル表記
■あ■		
浅川巧	アサカワ・タクミ	아사카와 다쿠미
安重根	アン・ジュングン	안중근
安重根義士記念館	アン・ジュングンウィサキニョングァン	안중근의사 기념관
安昌浩	アン・チャンホ	안창호
圓丘壇	ウォングダン	원구단
延世大学校	ヨンセテハッキョ	연세대학교
■か■		
臥龍公園	ワリョンコンウォン	와룡공원
姜宇奎	カン・ウギュ	강우규
漢江	ハンガン	한강
韓国銀行 貨幣金融博物館	ハングッウネン ファペクミュン パンムルグァン	한국은행 화폐금융 박물관
興仁之門（東大門）	フンインジムン（トンデムン）	흥인지문（동대문）
北村	プッチョン	북촌
勤政殿	クンジョンジョン	근정전
金九	キム・グ	김구
金大建神父	キム・デゴンシンブ	김대건신부
恵化門（東小門）	ヘファムン（トンソムン）	혜화문（동소문）
慶会楼	キョンフェル	경회루
慶熙宮	キョンヒグン	경희궁
景福宮	キョンボックン	경복궁
光化門	クァンファムン	광화문
光熙門（南小門）	クァンヒムン（ナムソムン）	광희문（남소문）
江華島	カンファド	강화도
江華平和展望台	カンファピョンファジョンマンデ	강화평화전망대
江華歴史博物館	カンファヨクサパンムルグァン	강화역사박물관
洪陵・裕陵	ホンルン・ユルン	홍릉・유릉
高宗	コジョン	고종

■ま■

マロニエ公園	マロニエコンウォン	마로니에공원
明成皇后	ミョンソンファンフ	명성황후
明洞	ミョンドン	명동
明洞芸術劇場	ミョンドンイェスルクッチャン	명동예술극장
明洞聖堂	ミョンドンソンダン	명동성당

■や■

柳寛順	ユ・グァンスン	유관순
郵政総局（郵政記念館）	ウジョンチョングク（ウジョンキニョングァン）	우정총국(우정기념관)
尹東柱	ユン・ドンジュ	윤동주
尹奉吉	ユン・ボンギル	윤봉길

■ら■

駱山	ナクサン	낙산
楽善斎	ナクソンジェ	낙선재
李儁	イ・ジュン	이준
李垠	イ・ウン	이은
李会栄	イ・フェヨン	이회영
李漢應	イ・ハヌン	이한응
李始栄	イ・シヨン	이시영
李承晩	イ・スンマン	이승만
李方子	イ・パンジャ	이방자
梨花荘	イファジャン	이화장
梨花女子高校	イファヨジャコドゥンハッキョ	이화여자고등학교
良才市民の森	ヤンジェシミネスッ	양재시민의숲
ロシア公使館	ロシアコンサグァン	러시아공사관

ハングル読み・表記対応表

日本語読み	ハングル読み	ハングル表記
■た■		
大学路	テハンノ	대학로
タプコル公園（パゴダ公園）	タプコルコンウォン（パゴダコンウォン）	탑골공원（파고다공원）
朝鮮神宮	チョソンシングン	조선신궁
朝鮮総督府	チョソンチョンドッブ	조선총독부
貞洞第一教会	チョンドンチェイルキョフェ	정동제일교회
東大門市場	トンデムンシジャン	동대문시장
徳寿宮	トクスグン	덕수궁
独立運動	トンニッウンドン	독립운동
独立記念館	トンニッキニョングァン	독립기념관
独立宣言	トンニッソノン	독립선언
独立門	トンニンムン	독립문
敦義門（西大門）	トニムン（ソデムン）	돈의문（서대문）
■な■		
ナヌムの家	ナヌメチッ	나눔의집
南山院	ナムサンウォン	남산원
南山公園	ナムサンコンウォン	남산공원
日本大使館	イルボンテサグァン	일본대사관
■は■		
梅軒尹奉吉義士記念館	メホンユン・ボンギルウィサキニョングァン	매헌윤봉길의사기념관
ハーグ特使事件	ヘイグトゥッササゴン	헤이그특사사건
八角亭	パルガッチョン	팔각정
八角堂	パルガッダン	팔각당
普信閣	ポシンガッ	보신각
忘憂公園	マンウコンウォン	망우공원
北岳山	プガッサン	북악산
朴正熙	パク・チョンヒ	박정희

◎執筆者紹介
佐藤 大介（さとう・だいすけ）
1972年、北海道生まれ。1995年、明治学院大学法学部卒業。同年から2001年まで毎日新聞社記者。2002年、共同通信社に入社し、高松支局を経て2006年に外信部配属。2007年6月から一年間、語学研修のためソウルの延世大学に社命留学。2009年3月から2011年11月までソウル特派員。同年11月から外信部。経済部、原子力報道室などを担当した後、16年9月よりニューデリー特派員。著書に「死刑に直面する人たち」（岩波書店）など。

写真協力＝渡部睦美
校閲＝辻　大和（学習院大学東洋文化研究所）

以下に掲載した写真は、国立国会図書館〈近代デジタルライブラリー〉よりそれぞれ転載。
p 89：『李王家紀念写真帖』（半島時論社）
p128：『伊東忠太建築作品』（伊東忠太著・城南書院）

観光コースでない　ソウル
―歴史の息吹を感じる旅―

●二〇一二年二月二五日――第1刷発行
●二〇一七年一月　一日――第2刷発行

著　者／佐藤大介

発行所／株式会社　高文研
東京都千代田区猿楽町二―一―八
三恵ビル（〒一〇一―〇〇六四）
電話03＝3295＝3415
http://www.koubunken.co.jp

印刷・製本／シナノ印刷株式会社

★万一、乱丁・落丁があったときは、送料当方負担でお取りかえいたします。

ISBN978-4-87498-473-4　　C0021